Sefora Nelson

Denn die Liebe ist die größte

Über die Kraft eines Lebens in der Liebe –
Gedanken zu 1. Korinther 13

Über die Autorin:

Sefora Nelson ist Liedermacherin, Sängerin, Theologin und Mutter und aus der christlichen Musikszene nicht mehr wegzudenken. Bisher hat sie in mehreren Ländern gelebt. Auf ihren Konzerten beglückt und inspiriert sie ihre Hörer, mal schwäbisch witzig, mal unglaublich tief – aber immer echt: mit ihren Liedern und mit persönlichen Geschichten, die von Herzen kommen und unter die Haut gehen. Die Singer-Songwriterin wurde für ihre erfolgreichen Solo-Alben mehrfach mit dem IMPALA-Award ausgezeichnet. Sefora Nelson lebt mit ihrer Familie in Süddeutschland. „Denn die Liebe ist die größte“ ist ihr drittes Buch.

www.seforanelson.com

SEFORA NELSON

DENN DIE LIEBE IST DIE GRÖSSTE

ÜBER DIE KRAFT EINES LEBENS IN DER LIEBE – GEDANKEN ZU

1. Korinther 13

GerthMedien

Max-Eyth-Str. 41 · 71088 Holzgerlingen
gerth.de

2. Auflage 2026
Bestell-Nr. 817715
ISBN 978-3-95734-715-2

Umschlaggestaltung: Joana Kielhorn
Lektorat: Verena Keil
Satz: Greiner & Reichel, Köln
Druck und Verarbeitung: GGP Media GmbH, Pößneck
Printed in Germany

Das Hohelied der Liebe

Die Liebe ist geduldig,
die Liebe ist freundlich, sie neidet nicht,
die Liebe tut nicht groß,
sie bläht sich nicht auf,
sie benimmt sich nicht unanständig,
sie sucht nicht das Ihre,
sie lässt sich nicht erbittern,
sie rechnet Böses nicht zu,
sie freut sich nicht über die Ungerechtigkeit;
sondern sie freut sich mit der Wahrheit,
sie erträgt alles,
sie glaubt alles,
sie hofft alles,
sie erduldet alles.
Die Liebe vergeht niemals.

1. Korinther 13,4–8a; ELB

Inhalt

Einleitung

Wenn heute euer letzter Tag auf dieser Erde wäre", fragte Keith in die Familienrunde, „was würdet ihr dann tun?" Obwohl ich als gute Mutter eigentlich hätte meinen Kindern das Wort geben sollen, schoss es sofort aus mir heraus: „Ich würde alle Leute anrufen und ihnen sagen, dass ich sie liebe." Während ich mir das vorstellte, spürte ich mein Herz. Als würde es sich schmerzhaft, aber gleichzeitig auf wohltuende Weise weiten und neu durchblutet werden. Und ich fragte mich: Fühlt sich *so* Liebe an?

Der Gedanke, dass mir am Ende meines Lebens von allem, was mir wichtig ist, die Liebe am wichtigsten sein könnte, ging mir noch lange nach. Mir kamen Menschen in den Sinn, mit denen ich seit Jahren nichts mehr zu tun hatte, Familienmitglieder, denen ich schon sehr lange nicht mehr – oder noch nie – gesagt hatte, dass sie mir wertvoll sind und dass ich sie liebe. Würden sie meinen Anruf und meine Liebesbekundung auch ohne ein absehbares Ende meines Lebens annehmen können? Oder würden sie sich fragen, was denn in mich gefahren sei oder ob ich sie im Grunde nur um einen Gefallen bitten will?

Werde ich am Ende meines Lebens bereuen, nicht mehr geliebt zu haben?

Bronnie Ware, eine australische Liedermacherin, die als Palliativschwester viele Jahre lang sterbende Menschen begleiten durfte, schrieb vor ein paar Jahren ein Buch mit dem Titel „Fünf Dinge, die Sterbende am meisten bereuen". Am Bett von unheilbar kranken Menschen, so Ware, habe sie nicht ein einziges Mal vernommen, dass sich jemand mehr Geld, mehr Arbeit oder mehr Ansehen gewünscht hätte. Was sie dagegen immer wieder zu hören bekam, war: „Wenn ich etwas ändern könnte, würde ich mehr Zeit mit Freunden verbringen, weniger arbeiten, meine Gefühle authentischer ausdrücken und ganz ich selbst sein." Das klingt so sehr nach … Liebe. Am Ende wünschte sich jeder, er hätte mehr geliebt.

Schon die Bibel lehrt uns, dass wir viel Klarheit und Weisheit gewonnen haben, wenn wir verstehen, dass unser Leben endlich ist. „Lehre uns bedenken, dass wir sterben müssen, auf dass wir klug werden", heißt es in Psalm 90,12. Und Jesus wurde einmal gefragt, was denn das größte aller Gebote sei. Er antwortete:

„Du sollst den Herrn, deinen Gott, lieben von ganzem Herzen, von ganzer Seele und von ganzem Gemüt. Dies ist das höchste und erste Gebot. Das andere aber ist dem gleich: Du sollst deinen Nächsten lieben wie dich selbst."
Matthäus 22,37b–39

Das Leben und die Liebe scheinen sehr eng miteinander verflochten zu sein.

Aber was ist Liebe nun eigentlich? Ein Gefühl?
Manche Menschen haben scheinbar besonders starke Gefühle, die sie auch frei zeigen. Wenn sie wütend sind, weiß es jeder; wenn sie traurig sind, kann das niemand übersehen. Andere scheinen die Sache mit den Gefühlen eher mit sich selbst auszumachen und wirken nach außen stets sachlich, fast emotionslos. Von gefühlsbetonten Leuten werden sie kopfschüttelnd gern als

„Kühlschrank" bezeichnet. Sich selbst beschreibt der sachliche Typ eher als rational oder realistisch und belächelt die Gefühlsmenschen. Für ihn sind sie „Romantiker" oder „Idealisten".

Ich habe bei mir und den Menschen um mich herum festgestellt, dass diejenigen, die starke Gefühle der Freude, Zuneigung, Fürsorge und Liebe zeigen, auch die gegenteiligen Emotionen in sich haben: Ärger, Trauer, Ablehnung, Hass. Vielleicht liegt dem eine Art Gesetz des Gleichgewichts unseres Gefühlssystems zugrunde?

Manche Menschen haben sich von Gefühlen täuschen lassen und irgendwann, nach einem traumatischen Erlebnis zum Beispiel, beschlossen, das mit den Gefühlen mal sein zu lassen. Das neue Skript ihres Lebens lautet dann: „Ich fühle ab heute nichts mehr. Niemand kann mich jemals wieder verletzen." Als hätten sie einen Schalter umgelegt, erlauben sie sich kein Leid, aber somit leider auch keine Freude mehr. Gefühle sind doch wie Farbe im Leben. Ohne sie wäre das Leben beschnitten. Wie ein Schwarz-Weiß-Film, oder?

Welche Gedanken, Bilder oder Gefühle kommen in Ihnen auf, wenn Sie das Wort *Liebe* hören? Liebe auf den ersten Blick in einem romantischen Hollywood-Film vielleicht? Oder das Kribbeln im Bauch bei einem ersten Date? Oder aber das unbeschreibliche Gefühl, wenn man dem soeben geborenen Kind zum ersten Mal in die Augen schaut? Vielleicht denken Sie auch als Erstes an die tiefe Verbundenheit zu Ihrem Haustier oder an das Gefühl des Glücks bei einer warmen Tasse Kaffee. Wen oder was lieben Sie?

Immer wenn mir das bekannte „Hohelied der Liebe“ aus 1. Korinther 13 begegnet, ob auf einer Hochzeit, in einer Predigt oder auf einer Postkarte, empfinde ich neben der Schönheit und Bewunderung des Themas Liebe auch eine schleichende Traurigkeit, eine Enttäuschung. So, als würde die rationale, erfahrene Seite in mir sagen: „Das bekommt doch niemand hin. Immer geduldig zu sein, den anderen vorzulassen, freundlich zu bleiben …“ Manchmal würde ich dem frischgebackenen Ehepaar am liebsten sagen: „Sprechen wir uns noch mal in ein paar Jahren. Dann, wenn ihr es versucht und versagt habt, die Liebe im Alltag so zu leben, wie sie Paulus hier beschrieben hat. Es klingt doch einfach surreal, zu idealistisch, wenn man ehrlich ist!“ Oft bleibt nach einem flüchtigen Glücksgefühl doch nur ein fahler Nachgeschmack oder die leise Befürchtung, man hätte den falschen Menschen zum Lieben gewählt …

Was verbirgt sich nun hinter diesem „Hohen Lied der Liebe“, das in 1. Korinther 13 steht? Wem hat Paulus, der selbst ja gar nicht verheiratet war, diese Poesie gewidmet? Und warum hat er es geschrieben?

Wie in meinen ersten beiden Büchern (über den Psalm 23 und das Vaterunser) will ich auch in diesem Buch einem Text, der vielen Menschen bekannt ist, auf den Grund gehen. Ich habe beschlossen, nicht mehr abzuschalten, wenn ich das „Hohelied der Liebe“ höre; ich möchte wissen, „wie es geht“. Ich möchte lernen, zu lieben. Von Grund auf, ganz neu. Verstehen, was Liebe ist – und was nicht.

Also versuche ich, so objektiv wie ich kann, diese Zeilen im ersten Korintherbrief zu lesen. Und ja, ich finde überraschenderweise so gut wie gar keine Gefühle in diesem „Liebes-Paragraf“! Da lese ich etwas von Geduld (was ja eher eine Tugend ist), von Güte, Neid, Angeberei, Anstand, Selbstsucht, Verbitterung, vom Nachtragen, von Glaube, Hoffnung, Erdulden und der Ewigkeit. Aber nichts von Gefühlen. Allein die Freude wird hier genannt, genauer gesagt: die Freude an der Wahrheit. Und die ist das komplette Gegenteil einer temporären Täuschung, der irgendwann einer Ent-täuschung folgen wird.

Ich frage mich: Gibt es Liebe also auch ohne Gefühle?

Paulus schreibt seinen Brief an die Gemeinde in Korinth, die er ein paar Jahre zuvor auf seiner zweiten Missionsreise gegründet hatte. Menschen aus allen Gesellschaftsschichten waren dort vertreten, allerdings waren sie eher weniger reicher, weiser oder nobler Herkunft. Nachdem die Christen dort unter der Lehre von Paulus, Apollos und Petrus gesessen hatten, wurde ihnen nach und nach die weltliche Weisheit und wahrscheinlich auch die griechische Philosophie immer wichtiger. Sie begannen, stolz darauf zu sein, so viele geistliche Gaben zu haben, und prahlten mit ihrer Zugehörigkeit – wahlweise zu Paulus, Apollos oder Petrus. Mit seinem Brief an sie versucht der Apostel, die Probleme, die ihm berichtet wurden, aufzugreifen. Er will den Gemeindegliedern noch mal wie Kindern die Basics des Evangeliums nahebringen. Und genauer auf Themen wie Gemeinde, das Wesen eines Christen, Gottes Weisheit, das Abendmahl und die geistlichen Gaben eingehen. Er schreibt:

Eifert aber nach den größeren Gnadengaben, und einen noch weit vortrefflicheren Weg zeige ich euch. Wenn ich mit Menschen- und mit Engelszungen redete ***und hätte die Liebe nicht****, so wäre ich ein tönendes Erz oder eine*

klingende Schelle. Und wenn ich prophetisch reden könnte und wüsste alle Geheimnisse und alle Erkenntnis und hätte allen Glauben, sodass ich Berge versetzen könnte, ***und hätte die Liebe nicht****, so wäre ich nichts. Und wenn ich alle meine Habe den Armen gäbe und meinen Leib dahingäbe, mich zu rühmen,* ***und hätte die Liebe nicht****, so wäre mir's nichts nütze.*
1. Korinther 12,31 bis 13,1–3; ELB (Hervorhebung durch die Autorin)

Ich weiß, ich habe mir viel vorgenommen mit dem Wunsch, ein Buch über die Liebe zu schreiben. Eigentlich fühle ich mich dafür auch eher ungeeignet, zu sehr ist mir in der letzten Zeit – bei allen Recherchen zu diesem Thema – bewusst geworden, wie schlecht ich liebe. Gleichzeitig ist aber auch der Wunsch in mir gereift, lieben zu lernen. Denn wenn ich mein bisheriges Leben anschaue, sehe ich: Die schönsten Momente waren stets die, in denen Liebe da war: in Freundschaften, wo ich mich geliebt wusste. In Umarmungen, wo ich bedingungslos geliebt habe. In Augenblicken der Versöhnung und des Neuanfangs.

Liebe ist wichtig, ja, lebenswichtig. Nicht nur für verheiratete Ehepaare, sondern für alle. Zwischen Freunden, in der Familie, in der Gemeinde. Und nicht zuletzt zwischen Gott und uns – der uns mit seiner allumfassenden Agape-Liebe liebt. Er weiß genau, ob in unserm Denken und Tun „Liebe drin ist". Vielleicht ist es das wichtigste Investment in unserer Zeit, neu lieben zu lernen. Ein Investment, das das Potential hat, unser Leben und unsere Beziehungen von Grund auf zu verändern.

Möchten auch Sie als Geliebte lieben – mit einer Liebe, die freisetzt, die Furcht austreibt, die reinigt? Möchten auch Sie Ihr Leben mit der Liebe messen und fragen: „Ist da Liebe drin oder kann das weg?" Dann lade ich Sie ein, auf den folgenden Seiten mit mir auf eine Reise durch das „Hohe Lied der Liebe" zu gehen. Ich wünsche Ihnen eine inspirierende Lektüre!

Sefora Nelson

Die Liebe ist geduldig

Das Aroma füllt das Haus

Geduld – was bitteschön hat denn Liebe mit Warten zu tun? Ich dachte, wir wollten durchstarten, drauflosliebenǃ Mit gesetzten Segeln und offenen Armen! Aber Paulus beginnt sein „Lied der Liebe" tatsächlich mit den Themen „Warten" und „Geduld miteinander haben".

Mein Mann Keith und ich hatten uns entschieden, mit dem Sex bis nach der Eheschließung zu warten. Ich muss sagen, dass ich mir das leichter vorgestellt hatte. Da war man bereits lange verlobt, plante zusammen die Hochzeit – und verabschiedete sich doch jeden Abend aufs Neue. Doch wie genial von Gott, dem Erfinder der Liebe und der Ehe, dass er einen emotionalen, geistlichen und körperlichen Schutzraum wie die Ehe geschaffen hat. Denn der körperliche Ausdruck der Liebe, der *Eros*, hat hier seinen besonderen Platz. Ich fühle mich geehrt und geliebt von Keith, dass er nicht kurzfristig seinen leidenschaftlichen Gefühlen nachgegeben hat, sondern mich so sehr liebte, dass er bereit war zu warten. Sich in Geduld zu üben.

Schade, dass auch unter vielen Christen nicht mehr bis zur Ehe gewartet wird mit der Eros-Liebe. Da zieht man eben zusammen, ist ja auch viel praktischer. Liebe klingt doch nach Leidenschaft, nach unbändigen Gefühlen, denen man sich *jetzt* hingeben möchte. Warten ist doch gegen die Natur der Liebe, oder?

Aber Paulus setzt beim Thema Liebe das Warten an die allererste Stelle. Seine Liebeshymne mit der poetischen Aufzählung galt der Gemeinde in Korinth, die im Umgang miteinander lieblos geworden war. Er schrieb seine Ausführungen nicht in erster Linie für Ehepartner. Doch den Gedanken des Wartens finden wir auch im leidenschaftlichen Hohelied Salomos im Alten Testament: „Ich beschwöre euch, ihr Töchter Jerusalems, dass ihr die Liebe nicht aufweckt und nicht stört, bis es ihr selbst gefällt“ (Hohelied 8,4).

Liebe schreit nicht kurzsichtig: „Jetzt!“

Liebe kann warten. Sie ist geduldig.

Immer, wenn Menschen zusammenkommen, sind Konflikte vorprogrammiert. Nach einem Streit ist es nicht ungewöhnlich, dass der eine, so schnell wie nur irgend möglich, das Problem aus der Welt schaffen möchte – und der andere aber erst mal Zeit braucht, um runterzukommen, alles sacken zu lassen und für eine Weile gar nicht reden möchte. Das war damals in der Gemeinde in Korinth sicher nicht anders als heute bei uns. In Konflikten mit unseren Kindern, mit Freunden, dem Partner oder Arbeitskollegen kommt man immer wieder an diesen Punkt. Ja, es kann so schwer sein, mit offener Wunde am Herzen auf den anderen zu warten; sich nicht zu verschließen, sondern leise und geduldig weiterzulieben.

Auch in unserer Ehe könnte das Zeitgefühl beim Lösen von Konflikten unterschiedlicher nicht sein. Ich hasse es, mit einem ungelösten Problem im Herzen durch den Tag zu gehen. Auf keinen Fall möchte ich damit einschlafen. Es ist so, als würde alles, auch das Schöne und Erfreuliche, was ich erlebe, von diesem Schatten verdunkelt, ja gar erdrückt werden. Ich kann es einfach nicht beiseiteschieben und fröhlich meinem Tagwerk nachgehen. Keith dagegen reflektiert. Lange. Manchmal auch sehr lange. Dabei kann es passieren, dass er nach einer Woche des Reflektierens, während ich schon auf dem Zahnfleisch gehe, ganz vergessen hat, dass es zwischen uns etwas zu lösen gab.

Ich weiß: Natürlich kann man nicht alle Probleme mal eben schnell lösen. Manches ist so grundlegend und so tief, dass es durchaus weise sein kann, es nicht immer wieder aufzuwühlen, sondern zu warten und einen geeigneten Rahmen zu schaffen, um *dennoch* weiterlieben zu können. Besonders eindrücklich erinnere ich mich an eine Phase unserer Ehe, in der wir mit genau einem solchen Problemkloß fertigwerden mussten:

Es war spät geworden. Die Kinder waren im Bett und ich starrte resigniert mein aufgeschlagenes Tagebuch an. Ob es wohl, genauso wie ich, müde war von den immer gleich lautenden Einträgen in der letzten Zeit? Denselben Gebeten? Auch wenn man es von außen nicht sah: Wir hatten als Ehepaar eine richtige Durststrecke. Und das schon eine ganze Weile. Es war, als würden wir aneinander vorbeilieben. Die Liebe schien einfach nicht da anzukommen, wo sie hingeschickt wurde, nämlich ins Herz des Partners. Da wurde missverstanden, erwartet, beschuldigt, auch mal ordentlich Tacheles gesprochen. Es schien aber letztlich alles ins Leere zu gehen. Und diese Leere tat weh. *Soll das etwa noch Liebe sein?*, fragte ich mich. All die guten Bücher über Ehe und Liebe standen stolz zwischen Theologiebüchern und Konkordanzen in den Regalen unseres Hauses und schauten vorwurfsvoll auf uns herab. Sie schienen uns mit ihren schlauen Titeln sagen zu wollen, dass wir einfach zu blöd dazu seien, dass wir es nicht gebacken kriegen, das Lieben. Dass wir Versager seien. Ja, das Lieben war schwer geworden. Mühsam. Traurig. Dabei hatten wir doch auch schon so schöne Zeiten zusammen genossen. Warum ist die Liebe so eigenwillig, so wechselhaft, so launisch und so furchtbar kompliziert?

Wie kann man in einer solchen Situation geduldig weiterlieben, auch wenn es so gar keinen Spaß macht, man null Resultate sieht – und diese Tatsache einen nur noch mehr runterzieht? All das Beten und Warten sollte doch meinem Tagebuch bald mal einen freudigen Eintrag bescheren! Ich hätte es ihm gegönnt. Einen Eintrag wie: „Der Knoten ist geplatzt, ich kann endlich berichten, dass wir uns wieder frei und liebevoll begegnen können. Was auch immer sich da zwischen uns eingenistet hatte, es ist endlich weg!“ Das Tagebuch hätte allein vom leichteren Druck des Kulis auf dem Papier schon gewusst, dass die Zeit des Wartens beendet war. Dass die Liebe wieder floss im Hause Nelson.

Doch ich starrte auf die letzten Einträge und die leere, noch unbeschriebene Seite, die meinem Blick völlig unbeeindruckt standhielt. Mir ist bewusst, dass Geduld nicht meine Stärke ist. Wenn es nach mir ginge, hätten Keith und ich schon am ersten Tag, getreu dem Vers „Lasst die Sonne nicht über eurem Zorn untergehen" (Epheser 4,26) alles besprochen, vergeben und vergessen. Wenn das nur so einfach wäre! Aber Liebe involviert stets mindestens zwei, oft sehr unterschiedliche Menschen. Allein konnte ich die Sache nicht lösen. Also versuchte ich, mich mit der Geduld anzufreunden oder mich zumindest mit ihr zu arrangieren. Doch an diesem Abend mischte sich Resignation mit einer ordentlichen Portion Wut, eingehüllt in einen Mantel von Selbstmitleid. Dann schreibe ich heute eben mal nichts!, beschloss ich. Stattdessen nahm ich meine kleine braune Lederbibel zur Hand. Ich schlug sie auf, und interessanterweise stieß ich auf die Geschichte von Maria, die Schwester von Martha und Lazarus, guten Freunden von Jesus, und las:

Maria brachte einen halben Liter echtes, kostbares Nardenöl, salbte Jesus damit die Füße und trocknete sie dann mit ihrem Haar. Der Duft des Öls erfüllte das ganze Haus.
Johannes 12,3; Hfa

Ich stellte mir vor, wie das ganze Haus von diesem unglaublichen Aroma erfüllt wurde. Für Judas roch es nach Geldverschwendung, für die anderen Jünger eigentlich auch, doch für Jesus roch es nach großzügiger Liebe.

Wenn das Aroma der Liebe ein Haus füllen kann, dann wünsche ich mir das auch für unser Haus, dachte ich mir. Ich wollte nicht aufgeben, auch wenn es vielleicht logischer klang. Ich wollte geduldig sein und weiterlieben. Es schoss mir der Gedanke durch den Kopf, ich könnte ja auch die Füße meines Mannes salben … Ich weiß nicht, ob Jesus eine Fußmassage genauso liebte wie mein Mann, aber ich wusste, ich könnte ihm auf genau diese Weise meine Liebe zeigen. Ich entschloss mich kurzerhand, genau das zu tun. Keine Erklärung, keine Worte, keine Manipulation. Einfach Liebe, die durch das Massageöl sagt: „Ich liebe dich. Auch jetzt. Ich möchte geduldig sein." Ich salbe diese Füße, die sich schon seit Jahren für unsere Familie einsetzen, einkaufen gehen, Kinder abholen und zurückbringen, dafür sorgen, dass es uns gutgeht. Lass all die Stimmen der Ungeduld, Frustration und Resignation verstummen, denn das Aroma der Liebe erfüllt das Haus. Liebe ist geduldig und darin großzügig. Und während ich warte, liebe ich.

Meine Hoffnung ist hier

Wohin soll ich gehen?
Jeden dieser Wege hab ich ausprobiert.
Das Ziel konnt ich sehn,
doch noch bevor ich ankam,
hat es jemand ausradiert.
Nun steh ich wie ganz am Anfang wieder hier
und frag mich, ob es Sinn macht, wieder loszugehn.

Ich möchte verstehn:
An welcher Stelle hab ich mich verlaufen?
Kannst du mich sehen?
Oder gehe ich den Weg hier ganz alleine?
Wie oft hab ich gedacht: „Gib einfach auf,
Hoffnung hat dich wieder mal ins Nichts geführt."

Du, der meine Sehnsucht kennt
und der mich beim Namen nennt,
im Vertrauen tief in mir
schau ich zu dir.
Meine Hoffnung ist hier.
Zeig mir den Plan.
Wie gerne würde ich heute auch schon Morgen sehen;
vielleicht irgendwann
schau ich zurück und seh,
wie wertvoll dieses Tal sein kann.
Bis dahin geh ich weiter im Vertraun,
kann jeden Tag aufs Neue deine Gnade schaun.

Wenn ich durch die dunklen Täler geh
und deine Versprechen nicht mehr seh,
lassen deine Worte mich nicht los,
denn du bist bei mir und ich schau zu dir.
Meine Hoffnung ist hier.

Text und Musik: Sefora Nelson

Herr, hilf mir, in Liebe zu warten.
Manche Menschen brauchen Zeit.
So wie ich manchmal auch.
Hilf mir, großzügig zu sein mit meiner Geduld
und nicht immer wieder Druck auszuüben.
Geduld darf mich auch etwas kosten.

Die Liebe ist freundlich

Die Frisur ist egal

Wie gut, dass manche große Shoppingcenter auch einen Friseur vor Ort haben. So kann man das eine gut mit dem anderen verbinden. Aber mit kleinen Persönlichkeiten wie meinem Sohn im Schlepptau ist es für mich als Mutter nicht immer so einfach, mal woanders hinzugehen als sonst. Es kostete mich einiges an Überredungskunst, ihn in den neuen Salon hineinzubekommen, doch schließlich hatte ich es geschafft und Sohnemann war einer neuen Friseurin vorgestellt worden. Er wurde vor dem großen Spiegel in einen bequemen Lederstuhl platziert, während ich zügig durch die Gänge des Centers huschte, um Lebensmittel für eine Woche einzukaufen. Keith würde nicht schlecht staunen, dass wir gleich zwei Fliegen mit einer Klappe geschlagen hatten – und ich mit einem perfekt gestylten Jungen und einem Kofferraum voller Einkäufe nach Hause käme. Hoffentlich macht die junge Friseurin ihren Job gut. Ich war stolz auf meinen großen Burschen. Wie selbstsicher er sich ihr vorgestellt hatte, wie gut er ihr erklärt hatte, wie seine Frisur werden soll! Er war längst kein kleiner Junge mehr. Mein Mutterherz schwoll spürbar an, und ich wäre am Liebsten nicht von seiner Seite gewichen und hätte dafür lieber den Einkauf delegiert ... Wie froh ich bin, dass normalerweise Keith für die Familie einkauft, das ist ja so gar nicht mein Ding.

Nach ein paar Ehrenrunden durch die verschiedenen Abteilungen blieb die gesüßte Kondensmilch auf meinem Einkaufszettel eben undurchgestrichen und ich stand endlich an der Kasse. Von dort aus konnte ich direkt meinen Sohn im Friseurspiegel sehen. Er lächelte mir verstohlen zu und sah zufrieden aus mit seinem schwarzen Umhang und dem kurzen Haarschnitt. Pünktlich zum Bezahlen kam ich mit dem vollen Einkaufswagen im Friseursalon an und verließ mit meinem frisch gestylten Junior das Kaufhaus Richtung Auto. Ob er es mir jetzt noch übelnahm, dass wir ausnahmsweise nicht bei seinem Lieblingsfriseur gewesen waren?

„Erzähl, wie war es?“, wollte ich wissen, „bist du zufrieden mit der Frisur?“ Was jetzt kam, haute mich um.

„Mama, es war so schön. Du kannst dir gar nicht vorstellen, wie nett die Dame war. Die Frisur ist mir eigentlich ganz egal, mal ganz im Ernst, Mama. So was hab ich noch nie erlebt. Sie war so freundlich, das war schöner als alles andere.“

Ich traute meinen Ohren nicht. Bis ins kleinste Detail erzählte mein Sohn mir, wie unfassbar zuvorkommend die junge Friseurin gewesen war. Erst hätte sie sich neben ihn gesetzt und sich vorgestellt. Mehrmals hätte sie ihm etwas zu Trinken angeboten, ihm interessiert Fragen über sein Leben gestellt und sich immer wieder vergewissert, dass es ihm gut ging. *Wie kann man so über die Freundlichkeit eines anderen Menschen schwärmen?*, dachte ich. Hätte sie ihm eine Cola angeboten oder ein cooles Muster auf den Kopf rasiert, hätte ich das ja irgendwie verstanden. Aber nicht mal ein Wasser wollte er haben, und die Haare waren nach meinem Geschmack einen Tick zu lang und etwas zu brav geraten … Hätte die Friseurin ihm den Schnitt mit einem Wet-look Gel versiegelt, könnte ich eine Fünf-Sterne-Bewertung nachvollziehen … aber das war meinem Sohn völlig egal. Ich weiß gar nicht, ob er sich überhaupt im Spiegel angeschaut hatte …

Aber sie war freundlich. Sehr freundlich. Das war das Schönste, was mein Sohn an diesem Tag erlebt hatte. Freundlichkeit und Sanftmut kann offenbar auch bei jungen Menschen so vieles bewirken!

Haben wir diese Eigenschaft im Umgang mit Menschen? Sind wir freundlich zu anderen? Sanftmütig?

Schon öfters ist es mir passiert, dass ich an der Ampel stand und meinen Tagträumen nachhing. Nicht selten bin ich in Gedanken schon irgendwo auf Tour und bemerke nicht, dass es inzwischen grün geworden ist. Sobald mir das auffällt, fahre ich schnell los und schaue noch mal kurz in den Rückspiegel. Wenn jemand hinter mir fährt, hat er augenblicklich meine absolute Bewunderung. Stünde *ich* dagegen an der Ampel hinter einem Träumer, würde ich wohl sofort hupen, mich ärgern und bei der nächsten Möglichkeit provokativ überholen und dem Fahrer dabei einen bösen Blick zuwerfen. Denn ich habe noch Einiges zu erledigen heute! „Fahren Sie doch woanders spazieren!“

Ja, ich bin jedes Mal überrascht, wenn der Fahrer hinter mir, der Träumerin, geduldig und freundlich reagiert. Wenn er nicht auf sein Recht pocht, sondern einfach Gnade austeilt. Meinen größten Respekt! Und so eine Freundlichkeit kann auch ansteckend sein. Sie ist so wohltuend, dass ich dann selbst in Erwägung ziehe, auch mal jemanden vorzulassen und geduldig zu warten. Das wäre eigentlich eine gute Übung: Das nächste Mal eine Viertelstunde früher losfahren und neben der Ruhe, die man dadurch bekommt, auch die Freude genießen, weil ich mir vorgenommen habe, mich im Warten und in der Freundlichkeit zu üben … Ich werde lächeln und mir denken: *So ging's mir gestern auch. Da war ich auch ärgerlich und habe gehupt. Ich versteh dich. Du ärgerst dich. Du hast recht. Ich lass dich vor.*

Eure Güte lasst kund sein allen Menschen!
Philipper 4,5a

Vor einigen Tagen saß ich einem Autohändler gegenüber, der schon die letzten beiden Male, wo wir uns unterhalten hatten, eher kurz angebunden war. Er wirkte gereizt und viel weniger freundlich als die Konkurrenz. Doch das Auto, das er zum Verkauf anbot, war einfach gut. Das hatte die Probefahrt noch mal bestätigt. Entgegen meiner Natur hatte ich mir vorgenommen, an diesem Tag besonders aufmerksam zu sein und zu schauen, wo ich freundlich zu anderen sein könnte. Natürlich kam mir der Satz „Der Kunde ist König" in den Sinn, doch ich wollte nicht erwartend vor dem Händler sitzen, sondern liebend. Als mitten im Gespräch sein Telefon klingelte und er rangehen musste, bekam ich mit, dass er von seinem Chef rundgemacht wurde. Die Hälfte des Gesprächs genügte mir, um zu verstehen, dass dieser Mann enorm unter Druck stand und wirklich kein leichtes Arbeitsumfeld hatte. Er wurde offenbar fälschlicherweise beschuldigt und gab es irgendwann auf, sich zu rechtfertigen. Ich wollte nicht mit ihm tauschen. Mir fiel ein, dass wir zu Beginn der Beratung über die Maskenpflicht gesprochen hatten, und er mir erzählt hatte, dass er aus Versehen ohne Maske zum Café gegenüber gelaufen war, doch dann genervt wieder umkehrte. So hätte es eben keinen Kaffee gegeben. *Gerne würde ich ihm einen Kaffee holen*, schoss es mir durchs Herz.

Wenige Minuten später wurden wir bei unserem Gespräch erneut unterbrochen, da gerade zwei neue Autos angeliefert wurden. Das war mein Moment. Als der Verkäufer zurückkam, wartete ein großer Pott Kaffee mit Milch auf seinem Schreibtisch. Ich kann nur sagen, dass die zwei Euro gut investiertes Geld waren. Sichtlich berührt bedankte er sich mehrmals für die liebe Geste.

Auch ich war erfüllt davon, wie anders und wohltuend die Atmosphäre plötzlich war.

Ein paar Tage später hatte ich den Autohändler wegen ein paar Fragen noch mal am Telefon, und bevor ich auflegte, sagte er: „Frau Nelson, ich möchte, dass Sie wissen, dass der Kaffee das Highlight meiner Woche war. Ich hatte es wirklich schwer an dem Tag und fühlte mich down. Ihre freundliche Geste hat mich durchgetragen."

Mir kamen fast die Tränen vor Rührung. *Liebe* – das scheint manchmal ein übermenschlich großes Projekt zu sein, wie eine Prüfung, die man nie und nimmer bestehen kann. Aber *das hier* war nicht schwer gewesen. Statt auf meinem Platz sitzenzubleiben und zu warten, habe ich mich aufgemacht und jemandem einen Kaffee geholt.

Freundlichkeit zeigt sich in den kleinen Dingen. Was für eine große Wirkung sie doch haben können! Und wie schön es doch auch für einen selbst ist, wenn man Liebe verschenken darf.

Geben ist seliger als nehmen.
Apostelgeschichte 20,35

Schenk mir deine Augen

Verloren in der Menge
bahnt sie sich den Weg,
sucht ein wenig Freude
und Vergnügen für ihr Geld.
Da ist diese Leere,
die sie zu füllen versucht,
und doch geht sie,
wie sie kam, auch wieder fort.

Schenk mir deine Augen, Herr.
Ich will sie sehen, wie du sie siehst.
Schenk mir deine Worte, Herr.
Ich will ihr sagen, was du willst,
aber vor allem, Herr, dein Herz,
das ihre wahre Schönheit kennt.
Wie kann ich ihr zeigen, Herr,
dass du sie liebst?

Er lächelt überlegen, während seine Seele friert.
Die Sorgen, die ihn plagen, hat er immer schon kaschiert.
Wer würde es wagen, ihn zu fragen, wie's ihm geht?
Und so geht er wortlos wieder fort.

Schenk mir deine Augen, Herr.
Ich will ihn sehen, wie du ihn siehst.
Schenk mir deine Worte, Herr.
Ich will ihm sagen, was du willst,
aber vor allem, Herr, dein Herz,
das seine tiefsten Ängste kennt.
Wie kann ich ihm zeigen, Herr,
dass du ihn liebst?

Ich will sehen wie du.
Ich will reden wie du,
vor allem lieben,
so, wie du mich liebst.

Schenk mir deine Augen, Herr.
Ich will sehen, wie du siehst.
Schenk mir deine Worte, Herr.
Ich will sagen, was du willst,
aber vor allem, Herr, dein Herz,
das voll Erbarmen um uns wirbt,
damit alle Menschen sehen,
wie du sie liebst.

Text: Sefora Nelson, Arne Kopfermann
Musik: Sefora Nelson

Herr, hilf mir, mit offenen Augen
und vor allem mit einem offenen, freundlichen
Herzen
durch die Welt zu gehen.
Danke für alle Ideen und Impulse,
wie du Menschen, oft durch kleine Gesten,
durch mich lieben möchtest.
Vergib mir,
wo ich schon so oft solche Gedanken
am Ende zur Seite geschoben habe.

Die Liebe neidet nicht

Etwas lauert vor der Türe

Man sagt, Neid sei ein Frauenproblem. Ich glaube das nicht. Man beobachte nur mal die Herren der Schöpfung, wie sie Muskeln, Autos, Motorräder und Arbeitsstellen flexen.

Aber ja, ich muss zugeben, bei den Frauen – vor allem, wenn Frauen unter sich sind – muss man nicht lange suchen, um Neid, Eifersucht und Missgunst zu finden. Schade eigentlich.

Während ich weiter über das Thema nachdenke, frage ich mich: Wo genau liegt eigentlich der Unterschied zwischen Neid und Eifersucht? Und ist Gott nicht auch eifersüchtig?

Laut Wikipedia liegt der Unterschied zwischen Eifersucht und Neid darin, dass ein eifersüchtiger Mensch Angst hat, zu verlieren, was oder wen er liebt und wirklich oder vermeintlich braucht – ein neidischer Mensch dagegen das haben will, was andere besitzen, und es ihnen oft auch nicht gönnt.

Hier allerdings habe ich tatsächlich einen Unterschied zwischen Männern und Frauen beobachten können: Frauen reagieren schnell abfällig, wenn sie auf eine andere Frau neidisch sind, versuchen, jeden Makel an ihr hervorzuheben und sie niederzumachen. Männer dagegen bewundern auch mal das fettere Auto des Konkurrenten und wären sogar bereit, eine Probefahrt zu machen.

Die giftige Missgunst, die sich im Neid verstecken kann, ist schuld daran, dass Neid und Liebe niemals Freunde werden können. Tatsächlich aber ist Neid nicht gleich Neid.

Konstruktiver Neid ist der Wunsch, das zu haben, was die andere Person auch hat. Destruktiver Neid aber möchte, dass die Person das *verliert*, was sie hat. Der konstruktive Neid wird in unserer Gesellschaft als Triebfeder gesehen und ist durchaus akzeptiert.

Die Anzahl unserer Neider bestätigt unsere Fähigkeiten.
Oskar Wilde

Neid ist die aufrichtigste Form der Anerkennung.
Wilhelm Busch

Wenn man einen Kollegen um seine clevere Ordnung in seinem Büro beneidet, und sich vornimmt, ihm nachzueifern, ist das eine Sache. Wenn man ihm jedoch insgeheim wünscht, dessen Ordnung würde bei einer verzweifelten Suche nach einem Dokument komplett auf den Kopf gestellt werden, ist das etwas anderes.

Der Neid über das erreichte Fitnessziel der besten Freundin wäre destruktiv, wenn ich ihr wünsche, sie würde sich verletzen und nicht weiter trainieren können, aber konstruktiv, wenn ich mir ihr Fitnesslevel motiviert zu meinem Ziel mache.

Meine Freundin Annegret liebt andere auf eine Art, die mich umhaut. Sie hat diese Fähigkeit, Menschen zu ehren und wertzuschätzen, wie ich es selten erlebt habe. Da ich weiß, wie wohltuend diese Eigenschaft sein kann, habe ich sie schon öfter darum beneidet. Wenn ich sie nur bewundern würde, würde mir nicht unbedingt in den Sinn kommen, mir diese Eigenschaft für mich selbst zu wünschen. Aber für mich ist Annegret ein Vorbild. Ein Beispiel, wie Agape-Liebe ganz praktisch aussehen kann. Diese Eigenschaft möchte ich definitiv auch für mich.

Hält sich jemand von euch für klug und weise? Dann soll das an seinem ganzen Leben abzulesen sein, an seiner Freundlichkeit und Güte. Sie sind Kennzeichen der wahren Weisheit. Seid ihr aber gehässig, voller Neid und Streitsucht, dann braucht ihr euch auf eure angebliche Weisheit nichts einzubilden. In Wirklichkeit verdreht ihr so die Wahrheit. Eine solche Weisheit kann niemals von Gott kommen. Sie ist irdisch, ungeistlich, ja teuflisch. Wo Neid und Streitsucht herrschen, da gerät alles in Unordnung; da wird jeder Gemeinheit Tür und Tor geöffnet.
Jakobus 3,13–16; Hfa

Destruktiver Neid hat also keinen Platz im Leben eines liebenden Menschen.

Schon in Gottes Zehn Geboten im Alten Testament stößt man auf das Thema Neid:

Du sollst nicht die Frau eines anderen Mannes begehren! Begehre auch nichts von dem, was deinem Mitmenschen

gehört: weder sein Haus noch sein Feld, seinen Knecht oder seine Magd, Rinder, Esel oder irgendetwas anderes, was ihm gehört.
5. Mose 5,21; Hfa

Für mich handelt es sich hier eindeutig nicht um konstruktiven Neid, denn es steht nicht da, dass man etwas *nicht* begehren sollte, was ein anderer auch hat – zum Beispiel gute Noten, eine aufgeräumte Werkstatt, einen großen Garten, viele Kinder – sondern es geht um sein *Eigentum*. Du kannst nicht seine Frau wollen. Denn es ist seine. Auch sein Haus kann nicht gleichzeitig ihm und dir gehören. Wenn du genau sein Haus möchtest, würde es bedeuten, dass man es ihm wegnehmen müsste, um es dir zu geben. Er würde es verlieren.

David hätte sich eine Frau wünschen können, aber nicht die Frau Urias, denn diese hätte man Uria wegnehmen müssen. Was David leider auch getan hat. Jemandem etwas nicht neiden heißt, nicht das Eigentum des anderen für uns zu begehren.

Manchmal bedeutet Neid jedoch gar nicht, sich einen bestimmten Gegenstand oder einen konkreten Menschen zu wünschen, sondern die Aufmerksamkeit, die Liebe, die Bewunderung zu bekommen, die ein anderer

Mensch genießt. Im Falle Kains war es die Beachtung, die Gott nicht *seinem*, sondern dem Opfer seines Bruders schenkte. Gerne wäre ich damals dabei gewesen. Ich bin mir sicher, die Brüder haben sich das nicht eingebildet. Gott scheint ihnen offen seine Annahme beziehungsweise seine Ablehnung gezeigt zu haben.

Der Herr blickte freundlich auf Abel und nahm sein Opfer an, Kain und seinem Opfer hingegen schenkte er keine Beachtung. Darüber wurde Kain sehr zornig und starrte mit finsterer Miene vor sich hin.
1. Mose 4,5; Hfa

Hier sehen wir, wie destruktiver Neid entsteht. Die Wurzel, die das ganze unheilvolle Potential in sich trägt. Der Unterschied, den Gott zwischen den Brüdern machte, tat Kain weh. Und er wurde daraufhin zornig.

„Warum bist du so zornig und blickst so grimmig zu Boden?“, fragte ihn der Herr. „Wenn du Gutes im Sinn hast, kannst du doch jedem offen ins Gesicht sehen. Wenn du jedoch Böses planst, dann lauert die Sünde schon vor deiner Tür. Sie will dich zu Fall bringen, du aber beherrsche sie!“
1. Mose 4,6–7; Hfa

Neid kann unseren Blick düster werden lassen, uns davon abhalten, dem anderen ins Gesicht zu sehen. Was tun wir mit diesem Gefühl? Haben wir Böses im Sinn oder Gutes? Gott zeigt Kain auf, dass er jetzt die Wahl hat. Er gibt ihm die Chance zu verstehen, was passiert, wenn man sich von diesem Gefühl beherrschen lässt. Wenn er sich für das Böse entscheidet, läge die Sünde bereits vor seiner Tür.

Seid nüchtern und wacht; denn euer Widersacher, der Teufel, geht umher wie ein brüllender Löwe und sucht, wen er verschlinge. Dem widersteht, fest im Glauben, und wisst, dass ebendieselben Leiden über eure Brüder und Schwestern in der Welt kommen.
1. Petrus 5,8–9

Entweder der Neid beherrscht uns – oder wir ihn. Leider plante Kain impulsiv Böses und richtete seinen Zorn gegen Abel, der nun wirklich gar nichts dafür konnte, dass Gott das Opfer seines Bruders nicht angenommen hatte. Und die wohlwollende Zuwendung, die Gott Abel geschenkt hatte, wollte Kain nun seinem Bruder wegnehmen, wie wir in 1. Mose 4,8 nachlesen können: „Da sprach Kain zu seinem Bruder Abel: ‚Lass uns aufs Feld gehen!' Und es begab sich, als sie auf dem Felde waren, erhob sich Kain wider seinen Bruder Abel und schlug ihn tot."

Hätte er doch mit Gott gesprochen und ihn gefragt, warum er sein Opfer nicht angenommen hatte! Vielleicht hätte ihm Gott aufgezeigt, dass er ihm nur die zweite oder dritte Wahl seiner Früchte gab, während sein Bruder bereit war, Gott das allerbeste seiner Herde zu geben. Oder er hätte ihm gezeigt, dass es nicht so sehr an dem Opfer selbst, mehr aber an seinem Herzen lag. Kain hätte mit seinem verletzten Stolz zu Gott gehen und sicher auf diese Weise viel aus dieser Lektion lernen können. Zum Beispiel, dass man immer verliert, wenn man anderen etwas wegnimmt. Dass Neid nicht glücklich macht. Dass man dabei nur einsam wird.

Die Sache mit dem Neid führt uns sehr deutlich vor Augen, wie wichtig es ist, wo die Liebe ihren Anfang nimmt. Wenn wir damit beginnen, uns selbst zu lieben – also dort, wo ein eher geringes Selbstwertgefühl herrscht, kommen wir nicht weiter. Um nicht neidisch zu werden, bräuchten wir schon den schöneren Körper, das größere Haus, das dritte Kind, das schnellere Auto, den doppelten Lohn. Doch selbst wenn wir dies alles haben, werden wir schnell merken, dass wir noch immer mit Neid kämpfen, weil es eben IN uns dürstet, und man diesen Durst mit Äußerlichkeiten nicht löschen kann.

Wenn wir hingegen lernen, Gott mit aller Kraft zu lieben, und uns von ihm, der die Liebe in Person ist, geliebt wissen, können wir mit David sagen: „Mir wird nichts mangeln … Mein Becher fließt über", oder mit Paulus: „Ich habe gelernt, mit dem zufrieden zu sein, was ich habe".

Neid spielt ein trauriges Lied. Neid trennt uns, verwandelt uns von unsagbar reich Beschenkten in scheinbar arme Menschen, die ständig MEHR wollen.

Auch ich kämpfe hin und wieder mit Neid. Es hat mich schon oft traurig gemacht, weil es mich quasi daran hindert zu lieben – das, was ich doch so sehr möchte. Ich kann nicht gleichzeitig neiden und lieben. Doch ich möchte frei sein, mich mit einer Freundin zu freuen, wenn sie in ihrer Firma gerade einen Millionendeal abgeschlossen hat, auch wenn bei mir zeitgleich wegen Corona alle Konzerte abgesagt wurden. Ich möchte mich in Gottes Liebe sicher wissen und ihre Freude teilen.

In der Bibel finden wir in Hannah ein schönes Beispiel dafür, wie man mit Neid oder Sehnsüchten gut umgehen kann. Hannah ging mit ihrem großen Wunsch nach einem Kind direkt zu Gott. Von der zweiten Frau ihres Mannes, die bereits Kinder hatte, musste sie lange Einiges an Kränkungen einstecken. Auch die extragroße Liebe ihres Mannes konnte ihren gefühlten Mangel nicht aufwiegen. Doch Hannah hat sich damit an Gott gewandt. Sie hat nicht versucht, die andere Frau vor ihrem Mann schlecht zu machen. Auch hat sie nicht versucht, den anderen Frauen das Leben schwer zu machen oder ihnen gar die Kinder wegzunehmen. Neid muss nicht in Missgunst enden. Wir haben die Wahl.

Gott, der unsere Gedanken kennt, kann mit unserem Neid umgehen. Er lässt uns damit nicht alleine. Kommen wir mit all unseren Gefühlen zu ihm. Er hilft uns im Kampf gegen die Sünde und bei der Entscheidung, Gutes zu tun.

Sorgt euch um nichts, sondern betet um alles. Sagt Gott, was ihr braucht, und dankt ihm.
Philipper 4,6; NL

Wenn ich spüre, dass sich Neid und sogar Missgunst in mein Leben mischen, mich im Lieben behindern, möchte ich mich mit den Worten des Psalmisten neu ausrichten:

Deine Gebote verliere ich nicht aus den Augen. Darum brauche ich mich nicht zu schämen, sondern kann dich mit aufrichtigem Herzen loben. Deine guten Gesetze lerne ich immer besser kennen. Ich will mich an deine Ordnungen halten, hilf mir dabei und lass mich nicht im Stich!
Psalm 119,5–8; Hfa

Welchen Weg würde die Liebe gehen?

Dieser Weg heißt Logik:
Was sagt dir dein Verstand?
Dieser Weg heißt Fairness:
„Ich dir so, wie du mir."

Dieser Weg heißt Recht,
er zeigt dir, was du darfst.
Dieser Weg heißt Freiheit:
tun und lassen, was man will.

Welchen Weg würde die Liebe gehn?
Wo würde man am Ende stehn?
Kann jemand diesen Weg verstehn?
Den Weg kann nur die Liebe gehn.

Dieser Weg heißt Jetzt;
Morgen ist nicht mein.
Dieser Weg heißt Ehre,
man hat 'nen guten Ruf.

Voll Langmut, Güte und ohne Neid,
bescheiden macht sie sich nicht breit,
nicht unanständig, selbstsüchtig, nachtragend, bitter.
Nicht schadenfroh, sondern ein Wahrheitsritter,
erträgt alles, glaubt alles, hofft alles, erduldet alles.
Immer ist sie da.

Text und Musik: Sefora Nelson

**Herr, hilf mir,
den Neid, der immer wieder in mir
aufkommen möchte,
im Keim zu ersticken – mit deiner Liebe –,
und mich für das Gute zu entscheiden
und mit meinen Sehnsüchten
immer wieder zu dir zu kommen.**

Liebe tut sich nicht groß, sie bläht sich niemals auf

Das Dramadreieck

Es ist modern geworden, arrogant zu sein. Ein Zeichen gesunden Selbstbewusstseins quasi, eine Demonstration gegen Unterdrückung und Abhängigkeit. Jetzt bestimme ich! Ich bin jemand! Ob im Fernsehen oder in den Zeitschriften: Arroganz oder Stolz wird sehr oft als etwas Positives dargestellt. Demut hingegen scheint veraltet zu sein, ein Zeichen von Schwäche oder Unterdrückung. Alles will zeigen: „Schau mal, was ich hinbekommen habe!" Wir haben uns schon so sehr daran gewöhnt, dass es für uns nichts Fragwürdiges mehr ist.

Interessant, dass Gott Stolz gar nicht ausstehen kann. Er widersteht hochmütigen Menschen. „Alle aber miteinander bekleidet euch mit Demut; denn Gott widersteht den Hochmütigen, aber den Demütigen gibt er Gnade“ (1. Petrus 5,5b), schreibt Petrus an die Christen in Kleinasien.

Von Herodes dem Großen, der berühmt für seine gigantischen Bauten, aber auch für seine Grausamkeiten war, lesen wir:

Und an einem festgesetzten Tag legte Herodes das königliche Gewand an, setzte sich auf den Thron und hielt eine Rede an sie. Das Volk aber rief ihm zu: „Das ist Gottes Stimme und nicht die eines Menschen!“ Alsbald schlug ihn der Engel des Herrn, weil er Gott nicht die Ehre gab. Und von Würmern zerfressen, gab er den Geist auf.
Apostelgeschichte 12,21–23

Als ich diese Stelle vor einiger Zeit gefühlt zum ersten Mal las, bin ich wirklich erschrocken. Herodes wurde in höchsten Tönen gelobt, was ihm sicher gutgetan hat. Doch dann hat er versäumt, Gott die Ehre zu geben – und wurde im nächsten Moment von einem Engel Gottes umgebracht.

Arroganz, Stolz und Hochmut scheinen wirklich gar keinen Platz im Reich Gottes zu haben.

Wenn man in der Öffentlichkeit steht und Menschen ihre Bewunderung ausdrücken, ist es schnell geschehen, dass man die Ehre an sich nimmt und stolz wird. Immerhin hat man ja etwas zustande gebracht, was allem Anschein nach toll ist.

In meinen Teenagerjahren habe ich, viel zu unsicher, um auf die Bühne zu gehen, einmal von einer erfahrenen Sängerin folgenden Tipp bekommen: „Brust raus! Zeig ihnen stolz, was du kannst." So lieb gemeint der Ratschlag auch war, ich selbst würde ihn heute so nicht weitergeben. Alles, was wir haben, haben wir von Gott bekommen. Für unser Aussehen und unsere Talente können wir erst mal gar nichts. Was wir daraus machen, ist eine andere Sache. Wenn wir zur Ehre Gottes unsere Talente vermehren, lernen, üben, Erfahrung sammeln, uns was trauen, können wir uns daran freuen, wie Gott es ja auch tut. Aber nie dürfen wir vergessen, dass uns alles, aber auch wirklich alles, von Gott gegeben wurde. Wir sind lediglich die Verwalter, von denen erwartet wird, gut zu wirtschaften.

Es passiert so schnell, dass man stolz wird. Vor allem, wenn man in der Öffentlichkeit steht und gewohnt ist, dass Menschen einem einen besonderen Platz einräumen und einen bejubeln.

Vom König Nebukadnezar lesen wir, dass auch er voller Stolz über sein Reich blickte: „Das ist das große Babel, das ich erbaut habe zur Königsstadt durch meine große Macht zu Ehren meiner Herrlichkeit" (Daniel 4,24). Die Konsequenzen seiner Rede ließen – wie bei Herodes – nicht lange auf sich warten:

Ehe noch der König diese Worte ausgeredet hatte, kam eine Stimme vom Himmel: Dir, König Nebukadnezar, wird gesagt: „Dein Königreich ist dir genommen, man wird dich aus der Gemeinschaft der Menschen verstoßen, und du sollst bei den Tieren des Feldes bleiben; Kraut wird man dich fressen lassen wie die Rinder, und sieben Zeiten sollen hingehen, bis du erkennst, dass der Höchste Gewalt hat über die Königreiche der Menschen und sie gibt, wem er will."
Daniel 4,28–29

Was für ein tiefer Sturz! Von ganz oben nach ganz unten. Doch aus dem Mund des Königs lesen wir später, als ihm wieder der Verstand kam, folgende Worte:

Und ich lobte den Höchsten. Ich pries und ehrte den, der ewig lebt, dessen Gewalt ewig ist und dessen Reich für und für währt. Er macht's, wie er will, mit dem Heer des Himmels und mit denen, die auf Erden wohnen. Zur selben Zeit kehrte mein Verstand zu mir zurück, und meine Herrlichkeit und mein Glanz kamen wieder an mich zur Ehre meines Königreichs. Und meine Räte und Mächtigen suchten mich auf, und ich wurde wieder über mein Königreich eingesetzt und gewann noch größere Macht. Darum lobe, ehre und preise ich, Nebukadnezar, den König des Himmels; denn all sein Tun ist Wahrheit, und seine Wege sind recht, und wer stolz einherschreitet, den kann er demütigen.
Daniel 4,31b–34

Auch im Neuen Testament lesen wir über stolze, selbstgefällige Menschen. Über die Schriftgelehrten und Pharisäer sagte Jesus einmal zu seinen Jüngern:

Sie machen ihre Gebetsriemen breit und die Quasten an ihren Kleidern groß. Sie sitzen gern obenan beim Gastmahl und in den Synagogen und haben's gern, dass sie auf dem Markt gegrüßt und von den Leuten Rabbi genannt werden. Aber ihr sollt euch nicht Rabbi nennen lassen;

denn einer ist euer Meister; ihr aber seid alle Brüder. Und ihr sollt niemand euren Vater nennen auf Erden; denn einer ist euer Vater: der im Himmel. Und ihr sollt euch nicht Lehrer nennen lassen; denn einer ist euer Lehrer: Christus. Der Größte unter euch soll euer Diener sein. Wer sich selbst erhöht, der wird erniedrigt werden; und wer sich selbst erniedrigt, der wird erhöht werden.
Matthäus 23,5–12

Egal, welche Gaben, welche Stellung, welche Aufgabe wir im Reich Gottes haben, nie dürfen wir vergessen, dass wir damit einander dienen sollen. Alles andere wäre Zweckverfehlung. Es macht demnach keinen Unterschied, mit welchen Gaben wir dienen. Paulus wollte, dass den Korinthern genau das klar wurde, als er ihnen schrieb, dass die Liebe nicht prahlt, sich nicht aufbläht, nicht eingebildet daherkommt.

Johannes der Täufer war jemand, der seinen Dienst voller Demut tat. Er spielte sich nicht in den Vordergrund. Er rief die Menschen zur Umkehr auf und taufte sie im Jordan. Doch als eines Tages Jesus auftauchte, wurde der Zulauf an Menschen, die zu ihm kamen, immer weniger. Auf einmal gingen alle zu Jesus. Als die Freunde von Johannes ihn besorgt darauf ansprachen, sagte dieser nur: „Ich bin nicht der Christus, sondern ich bin vor ihm her gesandt. Er muss wachsen, ich aber muss abnehmen. Der von oben her kommt, ist über allen. Wer von der Erde ist, der ist von der Erde und redet von der Erde. Der vom Himmel kommt, ist über allen" (Johannes 3,28b und V. 30–31). Starke Worte!

Wie schwer es ist zu handeln, ohne auf den eigenen Vorteil bedacht zu sein und ohne die eigenen Bedürfnisse im Blick zu haben, wird am sogenannten „Drama-Dreieck" deutlich. Dieses Modell, das in der Transaktionsanalyse als psychologisches und soziales Modell gilt, beschreibt in vereinfachter Darstellung typisch menschliches Verhalten. Es geht von drei verschiedenen Rollen aus, die wir in zwischenmenschlichen Beziehungen einnehmen: die des „Retters", des „Opfers" und die des „Täters" oder „Verfolgers". Bei genauerem Hinsehen können wir erkennen, dass wir – oftmals unbewusst – eine Rolle einnehmen, die uns in diesem Moment etwas zu geben scheint. Der Retter bietet ungefragt Hilfe an, tröstet, hilft, gibt Ratschläge und braucht ein hilfloses Opfer dafür. Es geht dem Retter nicht in erster Linie um das Opfer, also den, der Hilfe braucht, sondern um sich selbst. Er fühlt sich erst dann wirklich wichtig und groß, wenn er geholfen hat.

Auch das Opfer handelt zu seinem eigenen Vorteil. Es mag unterwürfig, schüchtern, unwissend und hilflos wirken, doch erst durch die Hilfe des Retters, durch dessen Zuwendung, fühlt es sich wichtig und geliebt.

Genau wie das Opfer und der Retter sucht auch der Verfolger einen Vorteil in seiner Rolle. Er braucht es, anderen einen Fehler oder eine Schuld anzulasten. Er zieht sie zur Rechenschaft, um sich selbst gerechtfertigt zu fühlen.

Jeder, sowohl „Retter" als auch „Opfer" und „Täter", handeln also im Grunde selbstzentriert. Sie ergänzen sich wunderbar, und dieses System funktioniert so lange, bis einer von ihnen aus seiner Rolle aussteigt und dem anderen nicht mehr das „Futter" gibt, das dieser braucht, um sich groß und wichtig zu fühlen. Nimmt man dem Retter zum Beispiel durch das „Aussteigen" des Opfers die Möglichkeit, weiterhin zu helfen, wird man schnell merken, dass von dessen aufopfernder Liebe nichts mehr übrig ist. Die Selbstliebe ist enttarnt.

Das Ziel unseres Dienens und Liebens darf nicht unser aufgeblähtes Selbstwertgefühl sein. Oft ist uns selbst gar nicht bewusst, dass wir in einer dieser Rollen agieren, denn was wir tun, scheint absolut richtig zu sein. Versuchen wir immer wieder, die Motive für unser Handeln zu hinterfragen. Gott kann uns offenbaren, ob wir bestimmte Dinge in Wahrheit vielleicht aus falscher Demut oder Selbstliebe tun.

Selbstwert bekommt man nicht von Menschen. Er kann nur von Gott her verstanden werden. Gegeben ist er uns längst.
Sefora Nelson

Zeig mir mein Herz

Ich war doch so ehrlich,
so weise, so einsichtsvoll,
als ich mich entschied zu gehen.
Die Gründe dafür warn eindeutig
und eindrucksvoll.
Doch was hat mich bewogen,
diesen Weg zu gehen?
Trieb mich nicht der Stolz in mir,
heut an diesem Ort zu stehn?

Zeig mir mein Herz,
hilf mir, mich selbst zu sehn,
zeig mir mein Herz,
nur zu oft weiß ich selbst nicht genau
den wahren Grund.

Ich war doch so freundlich,
zuvorkommend, hilfsbereit,

niemand könnte das falsch verstehn.
Ich weiß, es zählt nicht, was man sagt,
sondern was man tut.
Doch was hat mich bewogen,
diesen Weg zu gehen?
Trieb mich nicht die Angst in mir,
heut an diesem Ort zu stehn?

Ich war doch so fair,
so integer, so rücksichtsvoll,
hab nicht nur mich selbst gesehn.
Ich war mir so sicher,
das ist es, das muss ich tun.
Doch was hat mich bewogen,
diesen Weg zu gehen?
Trieb mich nicht die Gier in mir,
heut an diesem Ort zu stehn?

Manchmal sieht es aus,
wie es nicht ist.

Text und Musik: Sefora Nelson

Herr, hilf mir,
schlechte Verhaltensmuster
in meinem Leben zu erkennen
und sie mit deiner Liebe abzugleichen.
Mein Selbstwert soll in dir allein gegründet sein
und nicht durch Stolz
oder Bewunderung anderer Menschen
aufgebauscht werden.
Hilf mir, nie zu vergessen,
dir immer die Ehre zu geben.

Liebe benimmt sich nicht unanständig

Vom Ansehen der Person

Die Gemeinde in Korinth hatte ein großes Problem: Die Mitglieder hatten begonnen, einen Unterschied zu machen zwischen den Christen, die allem Anschein nach viele geistliche Gaben besaßen, und denen, deren Gaben weniger sichtbar waren. Auch war für sie der Aspekt, welchem Leiter man sich zugehörig fühlte und wie viel Wissen man sich angeeignet hatte, sehr wichtig geworden. Paulus versuchte, ihnen in seinem Brief zu vermitteln: Das ist alles nicht wichtig! Und er bemühte sich, ihnen durch das Beispiel des menschlichen

Körpers klarzumachen, dass *jeder* seinen wichtigen Platz im Reich Gottes hat. Wie der Leib alle Glieder zum Leben braucht – vom kleinen Zeh über die Augen und die Muskeln am Arm bis hin zum Blinddarm – so sind auch wir aufeinander angewiesen.

Wenn der ganze Leib nur Auge wäre, wo bliebe dann das Gehör? Wenn er nur Gehör wäre, wo bliebe dann der Geruchssinn?
1. Korinther 12,17

Und weiter schreibt Paulus: „Deshalb hat Gott also jedem einzelnen Glied des Körpers seine besondere Aufgabe gegeben, so wie er es wollte. Was für ein sonderbarer Leib wäre das, der nur einen Körperteil hätte!" (1. Korinther 12,18–19; Hfa).

Auf eindrückliche Weise, fast so, wie man es Kindern anschaulich machen würde, stellt er klar: Kein Glied ist wichtiger als das andere. Diese deutlichen Worte haben das Denken der Korinther sicher komplett auf den Kopf gestellt.

Ja, so ist es doch: Wenn man sich den kleinen Finger einklemmt, leidet der ganze Körper mit: Die Füße bleiben abrupt stehen. Die Augen, die sich des Sehens rühmen können, schließen sich vor Mitgefühl fest und lassen den Tränen freien Lauf. Auch alle Finger der gesunden Hand kommen augenblicklich vereint zusammen und legen sich fest und schützend um den kleinen, leidenden Finger. Sogar die winzigen Stimmlippen im Inneren des Kehlkopfes äußern ihr Mitgefühl mit einem Klagelied. Wie dumm es doch wäre, der Rest des Körpers würde sagen: „Tja, das hast du davon, kleiner Finger. Musst dich eben immer in alles einmischen. Erwarte jetzt nur nicht, dass wir alle wegen deiner Dummheit unsere wichtigen Arbeiten unterbrechen und dir zur Hilfe eilen!"

Was Paulus mit dem Beispiel der vielen Glieder sagen möchte: Liebe begegnet dem anderen mit Respekt. Sie macht keinen Unterschied.

Übrigens ist unser kleiner Finger sehr, sehr wichtig. Nicht nur, um ihn beim Teetrinken als „Gesellschaftsfinger" vornehm abzuspreizen ... Er macht sage und schreibe fünfzig Prozent der Kraft unserer Hand aus! Doch da er sehr ungeschützt ist, kann er sich leicht verletzen. Oft merkt man gar nicht, wenn er gebrochen ist, und spürt erst später an den Folgen, dass er sich nicht mehr gut einsetzen lässt. Eine Operation ist nicht einfach und die Rehabilitation sehr schmerzhaft. So viele alltägliche

Dinge werden nahezu unmöglich ohne unseren fünften Finger, dem wahrlich mehr Respekt gebührt!

Jeder ist wichtig. Jeder hat seine Aufgabe, seine Bedeutung für das große Ganze. Keiner ist geringer als der andere. Im Jakobusbrief lesen wir, dass wir uns ganz klar schuldig machen, wenn wir Menschen unterschiedlich behandeln:

Denn wenn in eure Versammlung ein Mann kommt mit einem goldenen Ring und in herrlicher Kleidung, es kommt aber auch ein Armer in unsauberer Kleidung, und ihr seht auf den, der herrlich gekleidet ist, und sprecht zu ihm: „Setz du dich hierher auf den guten Platz!“, und sprecht zu dem Armen: „Stell du dich dorthin!“, oder: „Setz dich unten zu meinen Füßen!“, macht ihr dann nicht Unterschiede unter euch und urteilt mit bösen Gedanken? Hört zu, meine Lieben! Hat nicht Gott erwählt die Armen in der Welt, die im Glauben reich sind und Erben des Reichs, das er verheißen hat denen, die ihn lieb haben? Ihr aber habt dem Armen Unehre angetan.
Jakobus 2,2–4

Sicher kann zu diesem Problem des Unterscheidens jeder von uns etwas erzählen. Wir alle haben uns hier schon mal schuldig gemacht. Ob wir gerade Zeit für ein Telefonat haben, kommt nun mal ganz darauf an, wer am anderen Ende der Leitung ist. Für die einen räumen wir ganz selbstverständlich unseren Kalender leer, und für die anderen können wir beim besten Willen für den Rest des Jahres (was tut uns das leid!) keinen freien Nachmittag mehr finden.

Ja, wir machen Unterschiede. Wir ehren manche und übersehen andere. Doch die Liebe tut das nicht.

Natürlich sind wir nicht mit allen gleich befreundet und manches Telefonat hat gegenüber dem Gespräch mit einem anderen nun mal Prioriät. Zudem liegen wir nicht mit jedem auf einer Wellenlänge. Mit dem einen hat man jede Menge Gesprächsstoff, mit anderen weniger. Und natürlich gibt es ganz objektiv gesehen auch Dinge, die uns voneinander unterscheiden: Alter, Nationalität, Sprachen oder Sitten beispielsweise. Das ist ja auch alles okay. Aber wenn Äußerlichkeiten oder der Titel den Wert des Menschen bestimmen – und wir uns dementsprechend verhalten, ist das nicht in Ordnung.

Jesus hat mit Menschen an einem Tisch gesessen, denen die frommen, gebildeten Juden nicht im Geringsten Gesellschaft geleistet hätten. Doch Jesus wollte sich ganz bewusst den Ausgegrenzten widmen. Wie ist das bei uns?

Leider machen Diskriminierung und Rassismus auch vor den Türen unserer Gemeinden nicht halt. Wir entscheiden, wer dazugehört und wer nicht. Viele Menschen kommen auch nach Monaten regelmäßigen Besuchs in der Gemeinde nicht in das Gemeindegefüge hinein. Sie bleiben gefühlt Gäste. Und das, obwohl sie dieselbe Sprache sprechen wie die anderen und derselben Kultur angehören. Egal, wie sehr sie sich auch bemühen, sie bekommen immer wieder zu spüren, dass sie eigentlich nicht dazugehören. Da hilft auch kein Besuch in einem Hauskreis, der über die Jahre zu einem exklusiven Grüppchen geworden ist und eigentlich gar kein Interesse daran hat, sich für neue Menschen zu öffnen.

Wir sind doch gerne unter uns, nicht wahr? Schauen wir doch mal in unsere Gemeinden hinein und fragen uns ehrlich: Wer wird nach dem Gottesdienst zum Kaffee nach Hause eingeladen – und wer nicht? Was für ein spannendes Experiment wäre es doch, mal diejenigen einzuladen, die man von sich aus eher nicht einladen würde!

Wie hat Paulus das gemacht? Er wurde, so schreibt er es selbst, „den Juden zum Juden und den Griechen zum Griechen". Nicht, weil er eine labile Persönlichkeit gewesen wäre, sondern weil er bereit war, die eigenen

Vorlieben, Gewohnheiten und Traditionen mal beiseitezulegen, um dem anderen mit Respekt und Demut zu begegnen und sie so für Jesus zu gewinnen.

Obwohl ich also von niemandem abhängig bin, habe ich mich für alle zum Sklaven gemacht, um möglichst viele zu gewinnen. Den Juden bin ich ein Jude geworden, um Juden zu gewinnen; denen, die unter dem Gesetz stehen, bin ich, obgleich ich nicht unter dem Gesetz stehe, einer unter dem Gesetz geworden, um die zu gewinnen, die unter dem Gesetz stehen.
1. Korinther 9,19–20; EÜ

Wir sind alle unterschiedlich. Und das ist auch gut so! Aber wie leicht bilden wir uns ein, wir seien besser als die anderen und schauen auf sie herab. Paulus hätte nun wirklich stolz auf seine Herkunft sein können, denn er war Jude, sogar ein Nachfahre aus dem Stamm Benjamin, und er gehörte zu den Pharisäern, also zu jenen, die damals am strengsten darauf achteten, dass Gottes Gesetz eingehalten wurde (siehe Philipper 3,4–5).

Auch Moses war sehr privilegiert gewesen. Er war im Palast groß geworden und konnte dort ein Umfeld vom Feinsten genießen. Doch nachdem sein Mord an einem

Sklavenaufseher aufgedeckt worden war, sah er sich gezwungen, in die Wüste zu fliehen. Dort heiratete er und wurde Schafhirte bei seinem Schwiegervater. Das muss der totale Kulturschock für Prinz Moses gewesen sein. Bestimmt wurde er in der neuen Heimat anfangs des Öfteren daran erinnert, dass er hier kein Prinz mehr war und sich seine Sachen selbst holen musste. Ob er hin und wieder in Erinnerungen schwelgte, an die gute alte Zeit als Prinz in Ägypten dachte, während er stundenlang mit stinkenden Schafen unter der erbarmungslosen Wüstensonne stand? Bestimmt. Umso bewegender ist es zu lesen, mit welchem Respekt er Jahre später seinem Schwiegervater Jetro begegnete: „Da ging Mose seinem Schwiegervater entgegen, fiel vor ihm nieder und küsste ihn" (2. Mose 18,7). Moses schämte sich vor seinem Volk nicht für Jetro und nahm sogar demütig und dankbar dessen weisen Rat an.

Ja, selbst in der eigenen Familie – und vielleicht vor allem dort – prallen oft unterschiedliche Persönlichkeiten aufeinander. Da man sich ja gut kennt und sich ganz ungefiltert äußern kann, vergisst man oft, wie wichtig es ist, respektvoll zu sein, und deckt seine unbedachten Worte gerne mal mit einem „Ich bin ja nur ehrlich …" zu. Natürlich ist nicht alles, was der andere tut, richtig oder gut. Es gibt Dinge, die sind ganz klar falsch, schlecht oder unangemessen. Aber die Grundhaltung, mit der ich dem anderen begegne, sollte immer von Respekt bestimmt sein. Liebe lacht den anderen nicht aus und stellt ihn nicht bloß. Auch zwischen Familienmitgliedern gibt es keinen Freischein für Unanständigkeit. Respektlosigkeit – ob durch einen blöden Kommentar oder durch abschätziges Verhalten – fügt dem anderen immer Schaden zu und zieht die gesamte Beziehung in Mitleidenschaft.

Mögen wir deshalb immer wieder neu lernen, einander mit Respekt, Feingefühl, Unvoreingenommenheit und auch einer gewissen Neugier zu begegnen – ob wir nun in der Rolle der Eltern, der Geschwister oder der Kinder sind. Denn die Liebe verhält sich weder unsensibel noch verletzend, sondern hat den anderen stets wohlwollend in ihrem Blick.

Du bist ein Geschenk

Du hast uns so verzaubert
seit dem allerersten Tag,
deine winzigen Hände
so zierlich und so zart.
Dein bezaubernd süßes Lächeln,
wenn du Papas Stimme hörst,
und dich gleich danach
so zärtlich an mich schmiegst.

Du bist ein Geschenk,
fast zu schön, um wirklich wahr zu sein.
Du bist ein Geschenk,
so einzigartig und perfekt erdacht.
Du bist ein Geschenk von Gott.

Weil du uns so verzauberst
durch dein Wesen, deine Art,
sind auch die durchwachten Nächte
für uns nur noch halb so hart.
Deine vielen, kleinen Fragen
klingen einfach, gehen tief.
Ich hab nicht immer eine Antwort,
doch ich weiß

was morgen kommt,
weiß Gott allein.
Doch er wird immer bei dir sein.
Ich bin voller Dankbarkeit,
ich will, dass du es nie vergisst:

Du bist ein Geschenk,
uns für kurze Zeit nur anvertraut.
Du bist ein Geschenk
und ich lege dich zurück in Gottes Hand.
Du bist ein Geschenk von Gott.

Originaltitel: You're A Gift Of God
Text: Sefora Nelson, Arne Kopfermann
Musik: Sefora Nelson • deutscher Text: Arne Kopfermann

Herr, hilf mir zu lernen,
keinen Menschen auszugrenzen
oder geringzuschätzen,
sondern jedem mit Respekt zu begegnen.
Vergib mir,
wo ich schon so oft einen Unterschied gemacht
und den Status oder das Ansehen einer Person
in den Mittelpunkt gestellt habe.
Hilf mir zu verstehen,
dass du dich gerade der Schwachen
und Armen besonders annimmst.
Lehre mich,
ein echtes Interesse an Menschen zu entwickeln,
die anders sind als ich.

Die Liebe sucht nicht das Ihre

Fußwaschung im Schloss

Wenn man heiratet, nimmt man sich viel vor. Der große Tag soll das neue Kapitel schließlich gebührend einleiten.

Ich fühlte mich wie in einem Märchen. Die Hochzeit sollte in einem Schloss in der Nähe von Prag stattfinden. Schon am nächsten Morgen sollten unsere Gäste aus aller Welt einfliegen. Nachdem Keith und ich die letzten Besorgungen gemacht hatten, fragte er mich ganz beiläufig, ob ich zur Hochzeit Feinstrumpfhosen tragen würde – oder nicht. Ich war etwas überrascht, denn ich wusste gar nicht, dass der Begriff für dieses feminine Kleidungsstück zu seinem Wortschatz gehörte, und verneinte.

Es gab viel zu organisieren, und das in einem Land, dessen Sprache weder Keith noch ich beherrschten. Punkt 14 Uhr am nächsten Tag war aber endlich Schluss mit den Vorbereitungen. Jedes Detail hatten wir delegiert und das Fest konnte nun beginnen.

Die Glocken läuteten und ich durfte als Braut meinem Mann auf dem roten Teppich entgegenlaufen. Auf einer Seite saßen meine italo-deutsche Verwandtschaft und Freunde aus meinen Auslandsaufenthalten der letzten Jahre. Auf der anderen Seite hatten Keiths Verwandtschaft sowie seine Freunde aus der Karibik, Australien und Neuseeland Platz genommen. Zwei Welten trafen da aufeinander.

Die Fragen, die uns viele Gäste an jenem Tag stellten, lauteten: „Was werdet ihr beide als Nächstes tun? Wo werdet ihr leben? Und welche Sprachen werden eure Kinder sprechen?“ Wir selbst konnten nur unsere Vorstellung für die nächsten Monate skizzieren. Aber wie die nächsten fünfzehn Jahre wohl wirklich verlaufen würden? Das wussten wir natürlich nicht.

Da ich die Zeremonie genau im Kopf hatte, war ich verunsichert, als Keith sich plötzlich eine Schüssel bringen ließ. *Wozu braucht er jetzt eine Schüssel?*, fragte ich mich, *das war doch gar nicht geplant*! Ich konnte mir beim besten Willen nicht vorstellen, was Keith vorhatte. „Bitte setze dich“, bat er mich nun, und mir wurde ein Stuhl gebracht. Die Gäste hatten genauso wenig wie ich eine Ahnung, was das werden sollte, und rutschten neugierig an die Vorderkante ihrer Stühle, um besser sehen zu können. Als Nächstes kniete sich Keith vor mich hin und zog mir die feinen, glitzernden Sandalen aus. Nun brachte man ihm die Schüssel mit warmem Wasser – und er hob meine Füße vorsichtig hinein und wusch sie mir vor den erstaunten Hochzeitsgästen. Mir war ein wenig unwohl bei dieser Sache, und ich konnte es einfach nicht glauben, was er tat. Keiths Stimme, die noch nie ein Mikrofon gebraucht hatte, um gehört zu werden, klang durch die schlichte Schlosskapelle: „Als dein zukünftiger Ehemann möchte ich dir dienen, Sefora.“ Dabei schaute er mir tief in die Augen. Ich war komplett sprachlos.

Dass Keith mir und der Familie die nächsten Jahre meist im Hintergrund tatsächlich so konsequent dienen würde, konnten wir uns an diesem sonnigen Tag im August wahrscheinlich beide nicht vorstellen. Er, der weit mehr studiert hatte und beruflich weit qualifizierter ist als ich, hat mir die ganzen Jahre selbstlos den Rücken freigehalten. Was für eine Liebestat!

Ich ahne: Am Ende des Tages geht es gar nicht um mich als Person, sondern um unseren Herrn, dem wir uns beide zur Verfügung stellen wollen. Wenn das für Keith bedeutet, dass er hauptsächlich die Hausarbeit erledigt und die Kinder von A nach B fährt, weil bei mir gerade die Türen so weit offen stehen und ich viel bewegen kann, dann will er bereit sein, auf genau diese Art dienend zu lieben. Auch jetzt noch, nach fünfzehn Jahren. Oft kommen mir leise Gedanken wie: *Er könnte sich doch entfalten und etwas Spektakuläres machen, endlich seinen Doktortitel nachholen oder ein Buch schreiben. Denn er hat wirklich das Zeug dazu!* Und wenn Leute fragen, was mein Mann denn beruflich macht, dann würde „Psychologe mit eigener Praxis" oder „Pastor einer internationalen Gemeinde" ganz bestimmt beeindruckender klingen als „Vollzeithausmann"! Doch wenn ich sehe, wie Keith über die Jahre all diese Möglichkeiten konsequent abgelehnt hat, um alle seine Energie in die Kindererziehung und die Familie zu geben, finde ich dafür nur einen Begriff: dienende Liebe.

Liebe, die nicht das ihre sucht.

Ich liebe dich

Als sich unsre Blicke trafen, dort am ersten Tag,
hättest du gedacht, dass dieser Tag mal kommen mag?
Wie können zwei Menschen so verschieden
und doch ähnlich sein?
Hättest du gedacht, wir werden einmal Freunde sein?

Als wir miteinander sprachen, dacht' ich: Könnt es sein,
wird dieser wunderbare Mensch einmal ganz meiner
sein?
Weißt du noch, die lange Nacht zusammen am Telefon,
ich habs dir nicht gesagt, doch eigentlich wusst' ich's
schon:

Ich liebe dich, ich will nur dich,
mit dir gemeinsam leben, ja, das möchte ich.
Ich liebe dich, so, wie du bist.
Ich will dir heute sagen: Ja, ich liebe dich.

Betrunken von dem Glück, ab jetzt sind wir zu zweit,
wohin die Liebe fällt, dorthin ist auch der Weg nicht weit.
Und doch hab'n wir uns gefragt: Sag mal, wie kann
das sein,
wenn sich zwei Menschen lieben, sollte es dann nicht
leichter sein?

Warum kann ich dich trotz Liebe manchmal nicht
verstehn
und die Welt dann nur ganz schwer mit andern Augen
sehn?
Ich bin ich und du bist du, so wird's wohl immer sein.
Das zu respektieren, ja, das muss Liebe sein.

Ich liebe dich, ich schätze dich,
so unbeschreiblich wertvoll und anders als ich.
Du änderst mich, verschönerst mich.
Ich hoffe, dass du's immer weißt:
Ich liebe dich.

So viel haben wir inzwischen schon zu zweit erlebt.
Keine Ahnung wie, doch irgendwie haben wir's überlebt.
Diese Abenteuerreise hat was mit uns gemacht,
dass es so kostbar ist, das hätte ich damals nie gedacht.

Ich liebe dich, ich freue mich
auf viele schöne Jahre voller Du und Ich.
Ich liebe dich, ich liebe dich.
Lass mich noch einmal sagen: Ja, ich liebe dich!

Text und Musik: Sefora Nelson

**Herr, danke für das Vorrecht,
geliebt zu sein.
Hilf mir,
mich ganz aktiv um das Wohl der Menschen
um mich herum zu kümmern,
und nicht immer nur meinen Vorteil
auszuhandeln.
Hilf mir dabei,
Menschen, die sich für mich einsetzen
und sich hintenan stellen,
wertzuschätzen.**

Liebe lässt sich nicht erbittern

Kündigung statt Auszeichnung

Er hätte allen Grund dazu gehabt, verbittert zu sein. Als Liebling seines Vaters hatte er – rückblickend betrachtet – wohl doch etwas zuviel angegeben, das musste er später beschämt einsehen. Seine Träume waren jedoch ziemlich eindrücklich gewesen. Sie sollten seinen neidischen Brüdern endlich zeigen, dass er doch nicht das unbedeutende kleine Brüderchen ist, sondern *wichtig* und *besonders*. Josefs Vorstellung, seine Brüder würden sich eines Tages alle vor ihm verbeugen, schürte den Hass seiner älteren Geschwister nur noch mehr. Josef hatte zumindest die ungeteilte Liebe seines Vaters genossen, bis ihm auch diese auf sehr hinterhältige und grausame Weise gestohlen wurde. Die Täter: seine elf Brüder. Vater Jakob hatte seinen Teenager Josef losgeschickt, um nach seinen älteren Geschwistern, die mit den Herden schon einige Zeit in Sichem unterwegs waren, zu schauen. „Geh hin und sieh, ob's gut steht um deine Brüder und um das Vieh, und sage mir dann, wie sich's verhält." Und er sandte ihn aus dem Tal von Hebron, und er kam nach Sichem (1. Mose 37,14).

Josef fand sie schließlich in Dothan. Als seine Brüder ihn von Weitem sahen, fassten sie den Entschluss, ihn zu töten. Zu perfekt waren Zeit und Ort, um dieses unbeschwerte, träumerische Papasöhnchen aus dem Weg zu räumen, der im bunt verzierten Rock – ein Geschenk von Papa – auf sie zuhüpfte. „Wollen wir ihm mal zeigen, wer sich hier vor wem verbeugt!", brummten sie. Da sie sich nicht einigen konnten, was genau sie mit ihm anstellen sollten, verkauften sie ihn kurzerhand an vorbeiziehende Kaufleute, für den Preis von zwanzig Silberstücken.

Ernüchtert, verängstigt und komplett einsam musste Josef sich nun mit der Rolle eines Sklaven abfinden und eine lange Reise in ein fremdes Land antreten. Weit weg von seinem liebenden Vater. Diesem ließen seine Brüder das bunte Kleidungsstück Josefs überbringen, nachdem sie es in Blut eines getöteten Ziegenbocks getaucht hatten.

Damit wollten sie dem Vater vorgaukeln, sein Lieblingssohn sei von einem wilden Tier gefressen worden. Wie grauenvoll. Ob das ihren Neid gestillt hat? Ob für sie das gebrochene Herz ihres Vaters Befriedigung genug war?

Der alte Jakob war untröstlich und wäre am liebsten auch gestorben. Armer Vater! Und Josef? Zu gerne hätte ich mich mit ihm unterhalten auf seiner Reise nach Ägypten …

„Josef, wie geht es dir?"

„Wie soll es mir denn gehen? Meine Brüder waren unfassbar gemein zu mir gestern Abend."

Seine müden Augen schweifen zusammengekniffen in die Ferne.

„Wenn das Vater wüsste …"

Ich sehe die beachtlichen blauen Flecken und auch ein paar Schürfwunden an seinen Armen und Beinen, und kann mir nur andeutungsweise ausmalen, wie brutal seine Brüder zu ihm gewesen waren. Aber mehr als das scheint mir, sein Herz hätte den meisten Schaden abbekommen. Dem sonst eher fröhlichen Burschen, der sich gern kreativ inszenierte, war das Licht ausgemacht worden.

Matt und regungslos starrt Josef zu Boden.

„Hast du geträumt gestern Nacht?", frage ich ihn.

Kurz treffen sich unsere Blicke, und ich glaube, eine Mischung aus Belustigung und Schwermut in seinen braunen Augen entdecken zu können.

„Wie soll ich träumen, wenn ich nicht geschlafen habe! Ich hatte gehofft, das alles hier wäre nur ein Traum, aber das ist es leider nicht. Gebetet hab ich die ganze Nacht."

„Gebetet?", hake ich nach.

„Ja. Hab ich von Vater gelernt. Auch er hatte es nicht leicht mit seinem Bruder, dem Onkel Esau. Gott ist Papa einmal sogar real begegnet, als er auf der Flucht war, und Gott hat sogar mit ihm gekämpft."

Das Funkeln in Josefs Augen überrascht mich.

„Als Mutter bei der Geburt meines kleinen Bruders Benjamin starb, war ich noch klein. Vater sagte, Gott habe ihn durchgetragen. So erzählte er es jedenfalls immer. Viele glaubten ihm nicht. Sie meinten, er würde Geschichten erfinden, und sein Humpeln wäre nichts anderes als die Folge eines Unfalls. Aber *ich* glaube ihm."

Es war nicht zu übersehen, wie sehr Josef seinen Vater liebte.

„Zu mir spricht Gott vor allem in Träumen. Jedenfalls dachte ich das bisher. Im Moment weiß ich aber gar nicht, was ich noch glauben soll. Die ganze Nacht habe ich Gott angefleht und gehofft, er würde mich hier rausholen."

Doch Josef war nicht allein. Gott ging mit ihm bis nach Ägypten, wo er ins Haus des Potifars verkauft wurde. „Und der Herr war mit Josef, sodass er ein Mann wurde, dem alles glückte“, heißt es in der Bibel (1. Mose 30,2). Nicht nur die Gunst seines Vaters hatte Josef bekommen, sondern ganz eindeutig auch die Gunst Gottes. Ich frage mich, wie viel Josef mit seiner Einstellung selbst zu seinem Erfolg beigetragen hatte ... Jeder hätte Verständnis dafür gehabt, wenn er ein verschlossener, wütender und verbitterter Mensch geworden wäre. Doch er setzte sich voller Integrität für seinen neuen Arbeitgeber ein, gab alles und wurde immer weiter befördert. Wir lesen, dass Josef ein schöner Mann war, und das war anscheinend auch der Frau des Chefs nicht entgangen. Jeden Tag bedrängte sie ihn:

Schlafe bei mir! Josef weigerte sich aber und sprach zur Frau seines Herrn: „Siehe, mein Herr kümmert sich selbst um nichts, was im Hause ist, und alles, was er hat, das hat er in meine Hände gegeben; er ist in diesem Hause nicht größer als ich, und er hat mir nichts vorenthalten außer dir, weil du seine Frau bist. Wie sollte ich denn nun ein solch großes Übel tun und gegen Gott sündigen?“ Und sie bedrängte Josef mit solchen Worten täglich. Aber

er gehorchte ihr nicht, dass er bei ihr schlief und bei ihr wäre.
1. Mose 39,8–10

Eines Tages war Frau Potifar noch entschlossener als sonst. Ihr Mann war auf Dienstreise, und alle Diener, Hausdamen und Köche hatte sie abkommandiert. Das Haus war also leer. Zu gerne würde ich wissen, was sie ihren Angestellten zur dringenden Erledigung außer Haus aufgetragen hatte. Nur Josef war nun noch im Haus. Allein mit ihr. Mit Reden war es jetzt für sie vorbei, das schien bei dem hebräischen Schönling offensichtlich nicht zu funktionieren. Nein, sie musste nun handgreiflich werden. So rief sie ihn in dringender Mission zu sich, und just in dem Moment, als er an ihr vorbeilief, hielt sie seinen Mantel fest. Doch Josef riss sich geistesgegenwärtig los und rannte aus dem Haus.

Was danach passierte, könnte aus einem Hollywoodfilm stammen. Oder aus einem Krimi. Weil sie ihn nicht haben durfte, ihm aber eine auswischen wollte, verdreht sie die ganze Geschichte. Die Angestellten werden wieder herbeizitiert, und Josef wird beschuldigt, sie bedrängt zu haben. Erst als sie geschrien habe, so Frau Potifar entrüstet, hätte er von ihr abgelassen und wäre geflohen.

Der Beweis dafür? Der Mantel, der ihm bei seiner Flucht entrissen wurde. Gerissen war diese Frau! Als Potifar die Geschichte hört, ist er so zornig, dass er seinen besten Mann kurzerhand ins Gefängnis werfen lässt. Was für den Leser der Story bisher so aussah wie eine unbändige Liebeslust dieser Frau, entpuppt sich nun als bösartiger Eigennutz und sogar Hass gegenüber Josef. Sie liebte ihn überhaupt nicht. Sie liebte nur sich selbst und war bereit, ihm wehzutun, weil sie nicht bekam, was sie wollte.

Schon wieder hatte man Josef, dem Liebling, dem Glückspilz, gewaltig eine ausgewischt.

Dieses Mal sollte Josef Jahre – seine besten Jahre – im Gefängnis verbringen. Eigentlich hätte er vom Chef für seine Integrität befördert werden müssen. Josef hatte nicht nur nichts falsch gemacht. Er hatte sich absolut korrekt verhalten. Einen Orden hätte er verdient, und der Frau hätte für ein Jahr der Nachtisch gestrichen gehört. Mindestens.

Ich hätte Josef zu gerne interviewt in seinen ersten Tagen im Gefängnis …

„Josef, wie geht es dir?"

„Ach, du schon wieder. Hallo. Schon lange nicht mehr gesehen."

„In der Tat. Du hattest die letzten Jahre alle Hände voll zu tun und hast so richtig Karriere gemacht. Glückwunsch!"

„Oh, ja. Danke." Josef war etwas verlegen.

„Nach unserem letzten Gespräch hätte ich das, ehrlich gesagt, nicht erwartet. Nach all dem, was man dir angetan hat, hättest du eigentlich bitter werden müssen. Aber stattdessen hast du deine ganze Energie und – das darf man sicher auch sagen – dein großes Glück oder die Gunst Gottes eingesetzt, um im Leben weiterzukommen. Wie hast du das nur geschafft?"

Etwas überrascht schien Josef eine Weile zu überlegen. Dann meinte er: „Es war eine Entscheidung. Irgendwann habe ich aufgehört, mir immer und immer wieder die Worte und den Gesichtsausdruck meiner Brüder vor Augen zu führen und mir vorzustellen, wie schlecht es wohl meinem Vater ging. Ich habe mir nicht mehr ausgemalt, wie man meine Brüder für diese große Ungerechtigkeit aufs Übelste bestrafen könnte. Eines Tages habe ich beschlossen, damit Schluss zu machen. Denn Gott war ja bei mir. Das wusste ich einfach. Und ich wusste auch, dass er mich führen würde, einen Schritt nach dem anderen."

„Hat er dich vor ein paar Tagen denn auch geführt? Ich meine, du bist der Dame doch voll in die Falle getappt."

Josef seufzte. „Das kann man wohl so sagen. Ihre Geschichte war komplett erlogen, aber anscheinend glaubwürdig. Ihr Wort gegen meines. Ich frage mich immer wieder: Was hätte ich nur anders machen können? Und ob ich Gottes Warnung vielleicht überhört hatte? Wäre ich nicht ins Haus gegangen, oder jedenfalls nicht alleine, wäre ich jetzt wahrscheinlich noch der zweite Mann im Hause Potifars ... Ob Gott mich geführt hat, fragst du? Hmm ..."

„Du musst mächtig stolz gewesen sein, es so weit gebracht zu haben."

„Ja, ich war definitiv gesegnet. Die Arbeit machte mir Freude, und die Bestätigung gab mir täglich den zusätzlichen Antrieb. Ja, so schnell kann es gehen. Jetzt sitze ich hier, wie du siehst. Aber ich muss sagen: Vor Gott bin ich rein. Lieber schuldlos gekündigt als schuldig im Chefsessel."

Ich musste lachen, als er das sagte. Teils aus Bewunderung – der Typ war einfach umwerfend –, teils aus Ironie der ganzen Situation.

„Du lachst?", fragte Josef. „Ich meine das wirklich so. Natürlich bin ich sauer, dass es wieder jemand geschafft hat, mir eine auszuwischen, obwohl ich nichts falsch gemacht habe. Ich bin sauer, enttäuscht und habe viele unbeantwortete Fragen. Ich habe wieder viel gebetet in den letzten zwei Tagen. Habe Gott gefragt, ob er mich übersehen hat, und wie er das nur zulassen konnte ... Manchmal führe ich heimlich Selbstgespräche und stelle mir vor, ich erkläre meinem Chef, dass die Geschichte komplett erfunden ist. Die Frau ist eine Schlange. Wie gerne würde *ich* ihr dieses Mal eine Falle stellen ..."

Ich lasse Josef in Ruhe seinen Gedanken nachhängen.

Nach einer Weile seufzt er und meint: „Aber ich muss mich entscheiden, im Hier und Jetzt zu leben und mich von Gott gebrauchen zu lassen, und eben nicht der Vergangenheit nachzutrauern, auch wenn sie nur zwei Tage her ist. Sonst werde ich wirklich bitter. Aber dass es nun schon das zweite Mal ist, dass ich in die Pfanne gehauen wurde, gibt mir wirklich zu denken. Das fühlt sich irgendwie wie ein Déjavu an ..."

Wie ermutigend, zu erfahren, dass Josef sich dazu entschlossen hatte, genau dort, wo er war, präsent zu sein – und dass Gott ihm an genau diesem Ort mit seiner Gunst und seinem Wohlwollen begegnete. Gerade an einem so unschönen Ort wie einem Gefängnis.

Auch der leidgeplagte Hiob und die ägyptische Sklavin Hagar hätten allen Grund dazu gehabt, für den Rest ihres Lebens bitter zu werden. Ohne irgendetwas verbockt zu haben – ganz im Gegenteil – fanden sie sich, ohne Vorwarnung, in einer ganz erbärmlichen Situation wieder. Ebenso Noomi, die Schwiegermutter von Ruth. Sie hatte ihren Mann und dann auch noch ihre beiden Söhne verloren, und war darüber zunächst so bitter geworden, dass sie am liebsten einen neuen Namen beantragt hätte: „Nennt mich nicht Noomi, sondern Mara; denn der Allmächtige hat mir viel Bitteres angetan. Voll zog ich aus, aber leer hat mich der Herr wieder heimgebracht (Ruth 1,20–21). Doch dann erfuhr sie die übergroße Fürsorge und Loyalität ihrer Schwiegertochter und vertraute dem Gott Israels.

Auch in unseren Beziehungen passieren leider immer wieder unschöne Dinge. Manchmal wird uns sogar absichtlich wehgetan. Wie schwer ist es, nicht gleich aufzubrausen, sich nicht den Rachegedanken hinzugeben oder sich zu weigern, bitter zu werden!

Schaffen wir es, mit unserer verletzten Seele zu Gott zu kommen? Sind wir uns bewusst, dass wir – auch da, wo wir vielleicht Unrecht erfahren – von Gott gesehen und geliebt sind?

Wir können uns bewusst entscheiden, nicht düsteren Gedanken nachzugeben. Denn Liebe lässt sich nicht erbittern.

Genau an diesem Tag

Ich brauche deine Weisheit,
genau an diesem Tag,
mich mutig zu entscheiden,
was auch immer kommen mag.
Was soll ich heute lassen?
Was soll ich heute tun?
Schenk mir deine Weisheit,
hilf mir, in dir zu ruhn,
genau an diesem Tag.

Ich brauche deine Gnade,
genau an diesem Tag,
für mich und auch für andere,
bei allem, was ich sag.
Oft geh ich in Gedanken
mit andern ins Gericht,
und hab dabei vergessen,
wie gnädig du mir bist,
genau an diesem Tag.

Ich brauche deine Liebe,
genau an diesem Tag,
bedingsungslos zu geben
von allem, was ich hab.
Denn ohne diese Liebe
ist alles gar nichts wert.
So füll mich bis nach oben,
damit man dich erfährt,
genau an diesem Tag.

Text und Musik: Sefora Nelson

**Herr, hilf mir,
nicht bitter zu werden,
wenn mir Ungerechtigkeit widerfährt
und ich wegen der Bosheit anderer
oder auch scheinbar grundlos leiden muss.
Ich möchte auch in solchen Situationen präsent bleiben
und von dir geleitet werden.
Danke, dass deine Wege
immer besser sind als meine.**

Liebe rechnet Böses nicht zu

Den Rest überlasse Gott

Josef bekam im Gefängnis nach einiger Zeit die Aufgabe, anderen Gefangenen zu dienen. Und das tat er von ganzem Herzen. Von Bitterkeit keine Spur. Er schien stets auf positive Weise zu reagieren, egal, wo er war. Aber wenn man sich vorstellt, dass der unschuldige Josef nun sogar denen, die zu Recht im Gefängnis saßen, dienen sollte – klingt das doch wie ein schlechter Witz, oder? Das war doch alles so verkehrt!

Auch die beiden ehemaligen Hofbediensteten des Pharaos, der Mundschenk und der Bäcker, waren ihm zugeteilt worden. Ich bin berührt davon, mit wie viel Liebe Josef dieser erniedrigenden Aufgabe nachging.

Als nun am Morgen Josef zu ihnen hineinkam und sah, dass sie bedrückt waren, fragte er sie und sprach: „Warum seid ihr heute so traurig?"
1. Mose 40,6–7

„Im Ernst, Josef? Haben diese beiden Schlitzohren deine Zuneigung verdient?", würde ich ihn am liebsten fragen. „Hat der Pharao das verdient? Vielleicht solltest du mal Position beziehen, eine Petition schreiben, eine Demonstration unter den Gefangenen organisieren. Ganz im Ernst: Woher so viel Liebe? Warum interessierst du dich denn für diese Gauner? Ich glaube, dass es dir niemand übelnähme, wenn du mal ordentlich auf den Tisch hauen würdest."

Der Mundschenk und der Bäcker waren betrübt, aber nicht etwa wegen ihrer Vergehen, sondern, so erzählten sie es Josef, weil sie in der vergangenen Nacht geträumt hatten, aber niemand ihnen die Träume auslegen könne.

Damit rannten sie natürlich bei Josef offene Türen ein. Denn da stand der richtige Mann vor ihnen. Doch Josef tut sich nicht als Traumdeuter hervor, sondern antwortet nüchtern: „Auslegen steht bei Gott – doch erzählt mir's!" (1. Mose 40,8).

Jetzt hörte Josef sich auch noch ihre Träume an. Und Gott schenkte ihm die richtige Deutung.

Manchmal finden die passenden Puzzelstücke wie von selbst zueinander. Für den Bäcker verhieß sein Traum allerdings nichts Gutes: Er musste der traurigen Tatsache ins Auge sehen, dass er nicht mehr lange zu leben hatte. Der Mundschenk dagegen würde in drei Tagen schon wieder in seinem Amt sitzen dürfen. Josef bittet ihn daher um einen Gefallen: „Aber gedenke meiner, wenn dir's wohlgeht, und tu Barmherzigkeit an mir, dass du dem Pharao von mir sagst und mich so aus diesem Hause bringst. Denn ich bin aus dem Lande der Hebräer heimlich gestohlen worden; und auch hier hab ich nichts getan, weswegen sie mich hätten ins Gefängnis setzen dürfen" (1. Mose 40,14–15).

Sagt man nicht: *What goes around, comes around* – alles rächt sich irgendwann? „Karma" sagen manche. So würde doch sicher auch Josef ein paar Tage später feierlich vom Chef persönlich aus dem Gefängnis geholt werden, oder? Leider kam es anders. „Aber der Oberste der Mundschenken dachte nicht an Josef, sondern vergaß ihn" (1. Mose 40,23).

Es war zum Mäusemelken. Weitere zwei Jahre vergingen, und noch immer saß der Unschuldige im Gefängnis.

ZWEI JAHRE, 827 Tage aufstehen und Gaunern dienen. Das klingt wie ein besonders schlechter Film. Doch nach zwei Jahren, man glaubt es kaum, erinnert sich der Mundschenk plötzlich an den freundlichen Traumdeuter im Gefängnis – just an dem Tag, als der Pharao einen Traum hatte und jemanden suchte, der ihn deuten konnte. Der Gefangene wird eilig herbeigeführt. Da steht Josef nun mit extrem kurzem Haarschnitt und in frischer, presentabler Kleidung vor dem König.

Hier und jetzt wäre doch die Chance für Josef, endlich seine Unschuld zu beweisen, ein Ausfallshonorar für die letzten beiden Jahre zu verlangen, ja, endlich mal an sich zu denken. Wie sich das für ihn wohl angefühlt haben muss, auf einmal wieder so wichtig zu sein? Als der Pharao ihm sagt, er habe von ihm gehört, dass er die Fähigkeit besäße, Träume zu deuten, stellt Josef genauso demütig wie bei seiner Traumdeutung im Gefängnis klar: „Das steht nicht bei mir; Gott wird jedoch dem Pharao Gutes verkünden (1. Mose 41,16)".

Nachdem er die Träume erfolgreich gedeutet hat, kann Josef seine Gefängniskleider direkt in die Altkleidertonne geben, und der Security, die draußen auf ihn wartet, Lebwohl sagen. Denn er muss nicht wieder zurück ins Gefängnis. Als Josef dem Pharao rät, er möge sich einen verständigen und weisen Mann suchen, den er über Ägypten stellen soll, wird kurzerhand *er* zu eben diesem Mann ernannt. Für den jungen Single gibt's sogar noch eine Ehefrau obendrauf. Josef wird wieder kostbar eingekleidet, dieses Mal in Leinen, und mit einer goldenen Kette geschmückt.

Die Menschen haben sich nun sogar vor Herrn Josef zu verneigen. Sein neuer Chef fasst seine neue Position folgendermaßen zusammen: „Ich bin der Pharao, aber ohne deinen Willen soll niemand seine Hand oder seinen Fuß regen in ganz Ägyptenland" (siehe 1. Mose 41,44).

Aus dem Teenager ist inzwischen ein Mann geworden. Dieses Mal hat er nicht nur das Haus des Potifars unter sich, sondern ganz Ägypten.

Ja, für die Geschichte Josefs braucht man starke Nerven. Denn die kommt einem so vor, als wäre man in einer Achterbahn unterwegs.

Egal, wo Josef war, ob im Hause seines Vaters, beim Potifar, im Gefängis oder im Palast, egal, ob er vor einem Gauner oder einem König stand: Er war stets integer. In Wirklichkeit diente und lebte Josef nämlich seinem Gott. Und diesem Gott schien er auch jegliche Rachegedanken übergeben zu haben.

Der neue Posten Josefs wäre doch geradezu ideal gewesen, um der Frau des Potifars mal einen kleinen Besuch abzustatten. Sein alter Chef, ihr leichtgläubiger Gatte, hatte in der Zeitung sicher schon vom neuen zweiten Mann Ägyptens gelesen, und der war ihm doch sicher bekannt vorgekommen … Ach, wie sich die Dinge doch von einem auf den anderen Tag wenden können. Josef hätte dieses Gefühl genießen können, dass nicht einmal die Frau des Potifars, diese Schlange, einen Finger rühren dürfte ohne Josefs Erlaubnis. Er hätte es genießen können, dass sie sich vor ihm zu verbeugen hatte. „Unterschätze niemals einen hebräischen Sklaven!", hätte er ihr zuflüstern können.

Auch beim Mundschenk hätte Josef vorbeischauen können, um sich zu erkundigen, warum in aller Welt dieser Typ ganze zwei Jahre gebraucht hatte, um sich an ihn zu erinnern. Sicher wäre es für Josef – für einen Mann seines Ranges – durchaus auch drin gewesen, sich ein paar Wochen freizunehmen, um seine Brüder in Israel zu besuchen. Auch dort wäre die Richtigstellung einer verdrehten, erfundenen Geschichte dringend angesagt gewesen. Bei dieser Gelegenheit hätten sie sich auch gleich vor ihm verbeugen *können*. Rache ist süß …

Doch von alldem lesen wir interessanterweise nichts. Josef war wieder mal voll fokussiert und dienend im Einsatz. Alle Ungerechtigkeit übergab er seinem Gott, der wieder mal bewiesen hatte, letztlich doch alle Fäden in der Hand zu haben.

Bald schon würden nämlich Josefs Brüder zu ihm kommen, um Getreide zu kaufen …

Darauf war Josef aber nicht vorbereitet. Es würde ihn kalt erwischen. Und bis zum Ende seines Lebens würde er den Moment nicht vergessen, als nach so vielen Jahren seine Brüder plötzlich vor ihm standen.

„Deine Knechte sind gekommen, Getreide zu kaufen", sagten sie ehrfurchtsvoll (1. Mose 42,10b). Auch wenn sie in die Jahre gekommen waren: Josef erkannte seine Brüder sofort. Aber sie ihn nicht.

Josef ließ sie einige Tage schwitzen, ja, sogar in Gewahrsam nehmen – er unterstellte ihnen, Spione zu sein. Auch lud er sie mehrere Male zum königlichen Essen ein und inszenierte ein hochkomplexes Drama irgendwo zwischen Geiselnahme, Morddrohung und Verwöhnprogramm mit fester Sitzordnung. Man könnte fast denken, Josef habe inzwischen eine Vorliebe für extreme emotionale Spannung entwickelt. Doch er wollte seine Brüder testen. Er wollte wissen, ob sie sich verändert hatten. Ob sie die Wahrheit sagten … Und deshalb *überhörte* er ihr Gespräch:

„Das haben wir an unserem Bruder verschuldet! Denn wir sahen die Angst seiner Seele, als er uns anflehte, und wir wollten ihn nicht erhören; darum kommt nun diese Trübsal über uns."

Ruben antwortete ihnen und sprach: „Sagte ich's euch nicht, als ich sprach: ‚Versündigt euch nicht an dem Knaben', doch ihr wolltet nicht hören? Nun wird sein Blut gefordert."
1. Mose 42,21–23

Josefs Brüder wussten nicht, dass Josef ihre Worte verstand, denn er redete mit ihnen durch einen Dolmetscher. Irgendwann, nach scheinbar endlosen theatralischen Akten, schickt Josef alle Angestellten aus dem Raum, weint laut und offenbart sich seinen Brüdern endlich:

„Ich bin Josef, euer Bruder, den ihr nach Ägypten verkauft habt. Und nun bekümmert euch nicht und lasst es euch nicht leid sein, dass ihr mich hierher verkauft habt; denn um eures Lebens willen hat mich Gott vor euch hergesandt.

[…] Und nun, ihr habt mich nicht hergesandt, sondern Gott.
1. Mose 45,4b–5 und 1. Mose 45,8a

Josef hätte die Chance nutzen können, seinen Brüdern das Böse, was sie ihm und ihrem Vater angetan hatten, anzurechnen. Ein für alle Mal hätte er mit ihnen abrechnen können. Sie sollten nur wissen, wie er gelitten hatte! Dass sie ihm den Vater, die unbeschwerte Jugend, die Unschuld gestohlen hatten! Doch Josef tat das nicht. Seine Liebe für Gott strahlte Gnade in ihre Richtung aus. Gott konnte alles nutzen. Sogar das Böse. In Liebe erließ Josef ihnen ihre Schuld.

Das Banner

Wenn der Herr, mein Gott,
mir zur Seite steht,
vor wem sollt ich mich fürchten?
Über mir das Banner weht:
Seine Liebe!
Über mir das Banner weht,
vor mir sein Versprechen steht,
in mir seine Hoffnung lebt!

Text und Musik: Sefora Nelson

**Herr, hilf mir,
nicht um der Menschen willen,
sondern um deinetwillen
zu lieben, zu leben und zu dienen.
Hilf mir,
deine Hand in meinem Leben zu sehen,
und Böses, was mir angetan wurde,
nicht anzurechnen.
Du bist meine Gerechtigkeit,
darauf vertraue ich.**

Liebe freut sich nicht über Ungerechtigkeit, sondern mit der Wahrheit

Sincera – ohne Wachs

Die Liebe sei ohne Heuchelei. Verabscheut das Böse, haltet fest am Guten!
Römer 12,9; ELB

„Warum ist die Besatzung eigentlich immer so extrem freundlich?", fragten mich meine Kinder auf unserer ersten Kreuzfahrt. Tatsächlich konnte einem das ständige „Please, madam … sure, madam … excuse me, madam … of course, madam" auf Dauer fast etwas ungemütlich werden, denn es war irgendwie *übertrieben* freundlich. – Kann man überhaupt *zu* freundlich sein? Der Besatzung auf dem Schiff war wohl eingetrichtert worden, wir, die Kunden, wären Könige, und sie unsere Diener. Wenn wir uns an Deck oder in den Gängen begegnen, müssten sie sofort zur Seite springen, uns Platz machen und uns jeden Wunsch von den Augen ablesen. Und so wurden jeden Tag die Handtücher in der Kabine in verschiedene Tier- oder Herzformen gefaltet, man bekam den Stuhl beim Dinner zurückgeschoben, die Serviette auf den Schoß gelegt und immer, immer wurde gelächelt. Nach ein paar Tagen sprach meine Tochter aus, was ich so nicht hätte in Worte fassen können: „Warum sind sie nicht einfach normal?!"

Nun kann man sich natürlich darüber streiten, was „normal" ist, und ob wir in Deutschland von anderen Ländern nicht doch eine ganze Menge über Kundenservice und Freundlichkeit lernen könnten, aber ich glaube, was meine Tochter sagen wollte, war: „Sie *scheinen* freundlich, aber das wirkt irgendwie gestellt." Nicht authentisch, eher aufgesetzt. Eine polierte Fassade macht für den Kunden natürlich einiges einfacher und angenehmer. Aber gibt es tatsächlich ein „zu glatt", „zu nett",

„zu viel"? Unweigerlich fragten wir uns, wie viel von der Freundlichkeit der Besatzung am Ende doch eine unausgesprochene Bitte um ein großzügiges Trinkgeld war. Mit der Zeit kannten wir den einen oder anderen Bediensteten bereits mit Namen, und hätten zu gerne gewusst, wie es ihnen wirklich geht. Wie sie geschlafen haben oder ob sie ihre Familie sehr vermissen. Wir wollten einfach *normal* und unter *normalen* Menschen sein. Wir sehnten uns nach Echtheit.

So angenehm es ist, für einen bezahlten Service Qualität zu bekommen, und so schön es auch ist, sich während einer Massage eben nicht über komplizierte Familiendramen unterhalten zu müssen, so unbefriedigend ist eine glatte Oberfläche in echten Beziehungen. *Sei doch mal ehrlich, sprich mit mir, dann weiß ich wenigstens, woran ich bin!*

Es gibt Menschen, die es scheinbar nicht nötig haben, anderen Honig um den Mund zu schmieren und geradeheraus sagen können, was ihnen passt und was nicht. Kleine Kinder sind oft so. Jedenfalls so lange, bis wir ihnen beibringen, dass man nicht alles sagen sollte, was man denkt, weil das den anderen verletzen könnte. Aber wenn es nach ihnen ginge, würden sie lieber „Igitt!" sagen als „Danke, das war lecker".

Natürlich möchte niemand von uns wie kleine Kinder Wahrheiten mit einer zuweilen schonungslosen und unsensiblen Ehrlichkeit herausposaunen. Doch vielleicht ahnen wir, wenn wir mal die Perspektive eines Dreijährigen einnehmen, dass sich unser Gegenüber Aufrichtigkeit statt Heuchelei von uns wünscht.

Von Jesus lesen wir an keiner Stelle, er habe irgendwem geschmeichelt. Da kamen die Pharisäer an und rollten ihm erst mal den Teppich aus: „Meister, wir wissen, dass du wahrhaftig bist und lehrst den Weg Gottes recht und fragst nach niemand; denn du achtest nicht das Ansehen der Menschen" (Matthäus 22,16).

Doch Jesus durchschaut sie. Seine Antwort auf die Frage nach den Steuern an den Kaiser beginnt er recht schroff mit einer gewagten Gegenfrage: „Ihr Heuchler, was versucht ihr mich?" (Matthäus 22,18).

Wie muss es wohl für Jesus gewesen sein, Menschen so durchschauen zu können?

Zur Zeit des Neuen Testaments war es im Töpferhandwerk üblich, die feinen, zerbrechlichen Vasen, die manchmal im Ofen durch die Hitze feine Risse bekamen, nicht wegzuwerfen, sondern mit hartem Wachs auszubessern. Wenn die Kunstwerke anschließend noch mit einer Glasur versehen wurden, war es mit bloßem

Auge fast unmöglich, diese Risse zu erkennen. Da viele Käufer jedoch wussten, dass die Kaufleute versuchten, Ware mit Mängeln dennoch zu verkaufen, machten sie den „Sonnenlichttest“: Sie hielten das Exemplar gegen das Sonnenlicht – und das dunkle Wachs in den Rissen zeigte sich sofort. Das englische Wort „sincere“ (dt. „aufrichtig“) geht auf diesen Test zurück. *Sin-cere* bedeutet: „ohne Wachs“. Also echt, unverfälscht, authentisch, ganz.

Es ist nicht leicht, immer ganz aufrichtig zu sein. Aber Liebe ist ehrlich, authentisch. Ohne Wachs. Sie trickst nicht. Ja, wir können freundlich sein, doch dabei auch unehrlich. Ist es nicht erfrischend, wenn man bei seinem Gegenüber weiß, dass er nichts versteckt, verbiegt oder schönredet? Wenn er nicht geschickt Wachs in die Ritzen schummelt? Wenn man weiß, dass das, was er sagt, auch wirklich stimmt? Im Prinzip ist es ja den meisten von uns klar: Man lügt nicht. Aber wie oft haben wir schon, nur um dem anderen nicht wehzutun oder um das Leben für uns einfacher zu machen, so getan, als ob wir etwas schön finden, obwohl genau das Gegenteil der Fall war? Wie oft haben wir schon so getan, als freuten wir uns mit dem andern mit, aber haben es ihm gar nicht aus tiefstem Herzen gegönnt?

Freuen wir uns an der Wahrheit? Uns zu fragen, was die Wahrheit ist, kann ungemütlich sein. In den letzten Tagen unserer Kreuzfahrt, als wir mit der Besatzung endlich auch tiefere Gespräche führen konnten, waren wir erstaunt und sehr betroffen zu erfahren, wie hart ihr Leben in Wirklichkeit ist. Wie lange sie von ihren Familien getrennt sind, wie eng ihre Mehrbettkabinen sind, mit wie wenig Schlaf und welchen gesundheitlichen Problemen sie dennoch jeden Tag fröhlich und dankbar ihrer Arbeit nachgehen.

Geben wir uns mit dem Schein zufrieden oder sind wir bereit, etwas gegen das Licht zu halten und die Wahrheit zu erfahren? Ist meine Liebe *sin-cera*? Ist sie aufrichtig? Bin ich bereit, Ehrlichkeit in meine Beziehungen zu bringen, damit etwas ganz Neues, Echtes entstehen kann?

Die Chance

Sie sitzt in meinem Bahnabteil,
wie immer um diese Zeit,
in sich gekehrt, den Blick gesenkt,
voll tiefer Traurigkeit,
die Wangen schimmern grün und blau.
Gibt jemand auf sie acht?
Beim dritten Halt ist Endstation
und sie verschwindet in der Nacht.

Doch ich will niemals hören:
„Du hattest die Chance."
Nun ist es zu spät.
Ich will niemals hören:
„Wo warst du?"
Denn nun führt kein Weg zurück.
Wer weiß, was morgen kommt?
So nutze den Tag,

es gibt viel zu gewinnen
und viel zu verliern.
Ich lass sie nicht im Regen stehn.

Sie war bis jetzt doch immer hier.
Sie sitzt hier jeden Tag.
Jetzt schließt die Tür,
der Sitz bleibt leer.
Ich weiß, ich hab versagt.
„Das darf nicht sein!",
entfährt es mir.
Blanke Angst macht sich in mir breit.
Als sich mir die Chance bot,
warum war ich nicht bereit?

Text und Musik: Sefora Nelson
Dt. Text: Arne Kopfermann

Herr, hilf mir,
den Mut zu haben, ehrlich zu sein.
Gib mir die Weisheit,
lieber nichts zu sagen
als zu heucheln,
und hilf mir,
in Gesprächen keine unwahren Vermutungen
zu verbreiten,
sondern immer nach der Wahrheit zu fragen
und mich daran zu erfreuen.

Liebe erträgt alles

Dehnungsstreifen und eine Matte

Haben Sie schon mal eine schwangere Frau beobachtet – wie sie das Baby in sich und vor sich herträgt? Sie beschützt es, sie *ummantelt* es. So kann das Wort „ertragen" (das griechische Wort *stegó,* das im Originaltext in 1. Korinther 13,7 steht) verstanden werden: als ein Nahe-bei-sich-Tragen, ein Schützen, aber auch ein Zudecken – damit nichts Gefährliches herankommen kann. Das Wort kann aber auch mit einem „sich in Schweigen hüllen" übersetzt werden.

Der Bauch der Mutter dehnt sich enorm, wenn sie ein Kind in sich trägt – und oft sind Narben, Dehnungsstreifen und Risse der Bindehaut eine lebenslange Erinnerung daran. Die Mutter gibt ihrem Kind Raum zu wachsen und dehnt sich willig mit. So, als würde sie damit sagen: „Solange du bei mir bist, werde ich dich schützen." Gegen Ende der Schwangerschaft wird es dann ganz praktisch ein wirkliches Tragen und Ertragen.

Liebe erträgt alles. Und ich frage mich: Bin ich bereit, meine Mitmenschen so zuzudecken, so zu beschützen? Und bin ich bereit, für einen Menschen auch mal zu schweigen – seine Fehler zuzudecken und sie nicht preiszugeben?

Gott hat diese, wie ich finde, sehr starke weibliche Eigenschaft, zu schützen, zu ummanteln und zuzudecken. Das können wir immer wieder in der Bibel lesen, zum Beispiel in einer Stelle im Matthäus-Evangelium, wo es um Jerusalem geht:

Wie oft wollte ich deine Kinder sammeln, so wie eine Henne ihre Küken unter ihre Flügel nimmt; aber ihr habt nicht gewollt.
Matthäus 23,37b; EÜ

An anderer Stelle, im Alten Testament, lesen wir, wie Gott sagt:

Wie einen Mann, den seine Mutter tröstet, so tröste ich euch; in Jerusalem findet ihr Trost.
Jesaja 66,13; EÜ

Damit sich das männliche Geschlecht hier nicht völlig ausgegrenzt fühlt – denn schwanger sind eben nun mal nur Frauen – hier eine schöne Geschichte aus dem Neuen Testament von gleich fünf Männern, in der es ebenfalls ums Schützen, Tragen, Ertragen und Trösten geht. Die Namen sowie das freie Ausschmücken der Szene stammen aus meiner Feder. Der Rest ist eine wahre Geschichte nach Markus 2,1–12:

Jeff lag regungslos auf seiner Matte und schaute besorgt drein. „Seid ihr sicher, ihr wollt das *wirklich* tun?"

„Was ist denn das für eine Frage!", antwortete Matthis seinem gelähmten Freund und schob das kleine Kissen etwas tiefer unter Jeffs Nacken.

Ja, als Gelähmter kann man eben nicht mal das. So auf andere angewiesen zu sein, war für Jeff die größte Last. Immer von anderen getragen, gefüttert, gebadet zu werden. Natürlich war er unglaublich dankbar für all die Fürsorge, aber unangenehm war es trotzdem. Er kam sich so nutzlos vor. Doch das sollte sich bald ändern. So hatten es jedenfalls seine Freunde entschieden und ihm große Hoffnungen gemacht.

Levi, der gerade versuchte, das eine Ende der Matte so zu verknoten, dass er die Matte bequem tragen konnte, witzelte: „Hey, Jeff, wir machen einen Deal, okay? Wir tragen dich hin und du trägst mich zurück!"

Auch Andreas und Ben stimmten in das Gelächter ein, nur Jeff verzog etwas den Mund. Seine Freunde waren schon extrem zuversichtlich. Es mag ja stimmen, dass Jesus andere Kranke heilt, aber vielleicht war sein Fall einfach eine Nummer zu groß? Außerdem wollte ja jeder zu Jesus, wieso sollte er sich ausgerechnet Zeit für *ihn* nehmen? Leise murmelte Jeff vor sich hin: „Vielleicht ist Jesus ja schon gar nicht mehr da."

„Hör mal, Jeff, lass *uns* mal machen. Mach dir keine Gedanken, okay? Wir sind deine Freunde, und wir bringen dich zu Jesus, egal, was das kostet."

Levi hatte lange Seile besorgt und legte sie jetzt an die vier Ecken der Matte.

„Sooo lang?" Ben riss die Augen auf und hielt eines der Seile hoch. Es war noch länger als er selbst. Auch Jeff staunte nicht schlecht.

„Man kann nie wissen", sagte der handwerklich begabte und kreative Levi. Es dauerte eine ganze Weile, bis die Seile an den Enden so festgebunden waren, dass Jeff, der nicht gerade ein Leichtgewicht war, sicher lag.

Alles war fest, alles bereit. Es konnte losgehen.

Die vier Freunde hoben Jeff hoch und versuchten, ein paar Schritte zu laufen. Während sie konzentriert auf den staubigen Boden schauten und versuchten, so gleichmäßig zu gehen, wie es mit acht Beinen nur ging, schaute Jeff nach oben. Er sah den blauen Himmel und hörte die Stimmen der vorbeigehenden Leute. Lachende Kinder, schimpfende Mütter, schreiende Kaufleute. Auch wenn er wie ein Sack in der Matte lag, war er dennoch froh, dass ihn niemand sehen konnte. Er lag so tief darin, war fast von dem Tuch ummantelt.

„Pause!“, keuchte Andreas, der schmächtigste unter ihnen. Vorsichtig legten sie die Matte ab, und Jeff konnte sehen, wie sie sich den Schweiß von der Stirn wischten und sich die geröteten Hände rieben.

„Alles klar, Jeff?“, zwinkerte Levi seinem besorgten Freund zu. „Genieße deine letzte Freifahrt! Du weißt schon, zurück darf *ich* liegen.“

Lachend ergriffen die Männer erneut die Seile. Nach der kurzen Verschnaufpause schienen sie einen guten Laufrhythmus gefunden zu haben und auch schneller zu laufen. Oder war es Jeffs Herz, das schneller schlug?

Jeff schloss die Augen. *Was ist, wenn ich mich zu blöd anstelle? Wenn ich einfach nicht weiß, was ich tun soll, wenn Jesus mich tatsächlich heilt?*

Jeff wurde auf einmal aus seinen Gedanken gerissen, weil seine Freunde den gleichmäßigen Gang abrupt unterbrochen hatten.

„Mist!", flüsterte Matthis. „Wie in aller Welt sollen wir jetzt ...!", dachte Andreas laut.

Obwohl es recht ruhig auf der Straße war, hatte Jeff das Gefühl, es waren viele Menschen anwesend.

„Das Dach!", sagte Ben bestimmt, und die Männer schauten alle nach oben. „Gehen wir", entschied Andreas.

Es war gar nicht leicht, an den vielen Menschen vorbeizukommen und die schmalen Treppen hinaufzuklettern, immerhin waren sie zu fünft – plus Matte. Glücklicherweise hatten sie sich vorher um fünfundvierzig Grad gedreht, doch die Matte hing ziemlich schief, und Jeff musste sich sehr festhalten, um nicht weiter nach unten zu rutschen.

Bringen sie mich jetzt wirklich aufs Dach? Als ob Jesus da hochkommen würde ..., fragte Jeff sich, und wieder wollte Mutlosigkeit in ihm aufkommen. „Hab euch doch gesagt, das wird nix!", schoss es aus ihm heraus.

Doch seine Kumpels ignorierten den Satz einfach.

Sanft wurde Jeff auf den warmen Lehmboden abgelegt. „Bereit für ein Abenteuer, mein Freund?“ Wieder war es Levi, der in jeder Situation für Leichtigkeit sorgte.

Andreas, Matthis und Ben hatten schon begonnen, die Ziegel vom Dach zu nehmen.

„Wenn wir nur nicht in Schwierigkeiten geraten“, murmelte Jeff, der ganz froh war, dass er nach dem Taumeln endlich wieder festen Boden unter sich hatte.

Irgendwo rief ein Mann: „Ruhe da oben, so versteht man ja kein Wort!“

„Ja, ja …“, zischte Andreas und nahm jetzt immer gleich zwei Ziegel auf einmal in die Hand. Nun war auch er aufgeregt. Es war ja nicht gerade legal, was sie da machten …

Levi schien mit den überlangen Seilen ja schon vorgedacht zu haben. Brillanter Kerl.

Ja, Jeff war es wert. Seine vier Freunde wollten ihn laufen sehen, koste es, was es wolle! Ben nahm Augenmaß und dachte: *Noch zwei Reihen, dann sollte er durchpassen.*

Jeff konnte es kaum glauben. Sie wollten ihn tatsächlich da runterlassen!

Da unten irgendwo, vielleicht direkt unter ihm, war er.

Jesus.

Seine Freunde hatten ihn getragen. Die ganzen Jahre. Sie hatten es auf sich genommen, ihn immer wieder mitzunehmen, ihn bei ihren Unternehmungen mit einzubeziehen. Sie hatten ihn verteidigt vor Menschen, die laut fragten, was er denn verbrochen habe, um so gestraft zu sein. Sie hatten ihn abgeschirmt. Umsorgt. Denn genau das ist es, was Liebe tut. Sie legt sich schützend um den anderen.

Meine Seele sei ermutigt

Gottes heilige Versprechen
bleiben immer uns bestehn.
Es kann keine unser Schwächen
über seinen Worten stehn.

Meine Seele sei ermutigt
in den Kämpfen dieser Zeit,
geht doch mit dir durch die Stürme
sein Versprechen allezeit.

Nichts und niemand kann uns trennen
von der Liebe, die uns hält.
Wer kann gegen uns sich wenden,
wenn er selbst sich zu uns stellt?

Meine Seele sei ermutigt
in den Kämpfen dieser Zeit,
geht doch mit dir durch die Stürme
seine Liebe allezeit.

Unsre Stärke sei die Freude,
ja, die Freude in dem Herrn.
Er gibt morgen wie auch heute
neue Hoffnung uns so gern.

Meine Seele sei ermutigt
in den Kämpfen dieser Zeit,
geht doch mit dir durch die Stürme
seine Freude allezeit.

Text: Sefora Nelson, Thierry Ostrini
Musik: Sefora Nelson

**Herr, hilf mir,
so zu lieben, dass ich bereit bin,
Menschen zu schützen
und ihre Schwächen zuzudecken,
anstatt sie bloßzulegen.
Hilf mir, den anderen zu tragen,
auch wenn das bedeutet,
dass ich dabei aufs Äußerste gedehnt werde.**

Die Liebe glaubt alles

Wie lange Seile

Die Ziegel und das Stroh waren zur Seite geräumt und stapelten sich um das klaffende Loch im Flachdach, unter dem Jesus gerade predigte. Die ganze Zeit lang hatte Jeff wartend auf seiner Matte gelegen. Was *für ein Glück er* doch hatte, solche Freunde zu haben! Unfassbar, was sie auf sich genommen hatten, weil sie glaubten, Jesus könnte ihn, einen Gelähmten, heilen. Ihm war schon vom Nichtstun in der Sonne heiß geworden, für die Dachdecker musste die Hitze noch unerträglicher gewesen sein. Neben der Liebe für ihren Freund spornte die vier Männer aber auch noch etwas anderes an: Glaube. Das war auch das Erste, was Jesus sah, als die Freunde Jeff mit vereinten Kräften, Zentimeter für Zentimeter, herunterließen. Sie gingen einfach davon aus, die Leute würden schon Platz machen für den Gast von oben. Jeff hielt während der Abseilaktion den Atem an. Als auf den Seilen kein Zug mehr war, wussten die Vier, dass ihr geliebter Freund gelandet sein musste.

Da nun Jesus ihren Glauben sah, sprach er zu dem Gelähmten: „Mein Sohn, deine Sünden sind dir vergeben."
Markus 2,5

Die Liebe seiner Freunde lief nicht ins Leere; es war eine Liebe, die *glaubte*. Zum Glück war kein Ziegel nach unten gefallen. Dort nämlich stand Jesus, der sich bei all dem Lärm, den die Jungs direkt über ihm veranstalteten, nicht davon abbringen ließ, weiterzusprechen. Irgendwann war es jedoch klar, dass da oben etwas Größeres vor sich ging. Nirgendwo lesen wir, dass der Inhaber des Hauses irgendwann eingeschritten wäre. Vielleicht fieberte er ja mit – genauso wie die anderen Zuhörer –, als Jeff, der niemals die Aufmerksamkeit auf sich ziehen wollte, mit einem Applaus direkt vor Jesus auf dem Boden ankam? Ich wäre gerne dabei gewesen. Obwohl es nur noch Stehplätze gab, wurde Platz gemacht für die spontane Programmänderung. Bitte alle zur Seite!

Andreas gab Levi einen Knuff in die Seite, als sie nur noch die letzten Endstücke der Seile locker in der Hand hielten. „Gut gemessen, Levi!“, raunte er ihm zu. Ein wenig stolz, aber vor allem aufgeregt und voller Erwartung schauten die Freunde nun nach unten. Sie hatten es geschafft! Ihr Glaube war groß, er hatte Jeff bis hierher getragen und sogar durch ein Dach hindurchgebracht. Aber diesen Teil musste Jeff jetzt ohne sie erledigen.

Jesus und seine Zuhörer, die sich sicher den einen oder anderen Strohhalm aus den Haaren ziehen mussten, schauten zu Jeff. Dieser blickte abwechselnd zu Jesus und zu seinen Freunden, die von oben durch das Loch im Dach schauten. Jesus konnte ihn heilen, das wusste Jeff. Jetzt war jeder Zweifel gewichen.

Da lag er. Direkt vor Jesus, dem nichts unmöglich war.

Alpha

Du bist Alpha und Omega.
Du bist Anfang, du bist Ende.
Du bist Gott.
Du stehst über allem andern,
meine Seele schaut jetzt auf zu dir.

Das erste und das letzte Wort hast du.

Du bist Feuer, du bist Liebe.
Du bist Leidenschaft und Glut,
Du bist Gott.
Du liebst mehr als alle andern,
bei dir geht es meiner Seele gut.

Du bist Gnade, du bist Treue.
Du bist voller Freundlichkeit.
Du bist Gott.
Du bist Vater, du bist Bruder,
bei dir geht es meiner Seele gut.

Das erste und das letzte Wort hast du.

Text und Musik: Sefora Nelson

Als Jesus den Glauben von Jeffs Freunden sah, aber auch den Unglauben der Schriftgelehrten wahrnahm, schob er fix das Thema „Sündenvergebung“ ein. Es wurde zum Aufhänger für das Heilungswunder, das unmittelbar danach geschah. Die Gelehrten wussten, dass Sündenvergebung nur Gott zustand. Doch genau der war Jesus ja. Ihm war nichts unmöglich. Und das wollte er ihnen zeigen. Und alle, vor allem aber Jeff, hingen dabei an seinen Lippen, als Jesus wieder das Wort ergriff:

„Was ist leichter, zu dem Gelähmten zu sagen: ‚Dir sind deine Sünden vergeben‘, oder zu sagen: ‚Steh auf, nimm dein Bett und geh hin?‘ Damit ihr aber wisst, dass der Menschensohn Vollmacht hat, Sünden zu vergeben auf Erden – sprach er zu dem Gelähmten: „Ich sage dir, steh auf, nimm dein Bett und geh heim!“
Markus 2,9–11

Jeff fragte sich, welche Rolle er in dieser theologischen Diskussion zwischen Jesus und den Gelehrten wohl spielte, und er sah vor seinem inneren Auge auf einmal sein Leben wie einen Film vorbeiziehen. Eine Sünde nach der anderen fiel von ihm ab. Er wusste, ihm war wirklich vergeben worden. Dieser Jesus *war* Gott, ohne Zweifel. Tiefe

Dankbarkeit erfüllte ihn. Jetzt war ihm auf einmal völlig egal, dass gefühlt das ganze Dorf auf ihn schaute. Er atmete tief ein, und sein ganzer Körper wurde durchströmt von Liebe, von Freiheit, von Freude. Jesus schaute ihm direkt in die Augen. Und die zwei Worte „steh auf!“ trafen Jeff direkt ins Herz. Ohne darüber nachzudenken, wie er das tun sollte – er hatte es ja noch nie in seinem Leben getan – gehorchten seine Beine und Arme. Die Muskeln in seinem ganzen Körper arbeiteten gehorsam, wie eine Armee, die gerade dazu abkommandiert worden war, einen neuen Befehl auszuführen. Als Jeff auf seiner Matte saß, ging ein Raunen durch die Reihen. Dann stützte er sich vorsichtig ab, um aufzustehen, und als er dann – seine Matte eilig zusammengeknautscht, tatsächlich dastand, zitterte er am ganzen Körper vor Freude und Aufregung. Er hatte noch nie in seinem ganzen Leben gestanden! Sein erstaunter Blick traf den ruhigen, liebenden Blick von Jesus, der ihm zulächelte. Dann nahm er wahr, wie sprachlos die Gelehrten wirkten. Jeff setzte sorgsam einen Fuß vor den anderen, und die staunende Menge machte ihm den Weg zur Tür frei. Langsam und wackelig, aber zielstrebig lief der Geheilte nach draußen, begleitet vom Geräusch der Schnappatmung der Menschen, die gerade dieses große, göttliche Wunder miterlebt hatten.

Draußen angekommen, schaute Jeff nach oben, aufs Dach. Dort standen sie, seine Freunde, die in ihrer Liebe für ihn *alles* geglaubt hatten. Sie rannten jubelnd die Treppen hinunter und umarmten ihren Freund, der ab heute nicht mehr „der Gelähmte" war.

Liebe ist nicht misstrauisch, nicht zweifelnd. Sie glaubt aufs Wort.

Kann ich glauben, dass ich von Gott geliebt bin – glauben, dass mir vergeben wurde? Kann ich glauben, wenn mir Freunde sagen, dass sie mich liebhaben? Oder beginne ich das sofort zu hinterfragen?

Herr, hilf mir, so zu lieben,
dass ich über alle menschlichen Möglichkeiten
hinweg
glauben kann.
Du bist Gott und sonst niemand.
Möge meine Liebe
die Bahn für einen Glauben freimachen,
der wie lange Seile bis zu dir hin reicht.
Hilf mir,
in Beziehungen zu meinen Mitmenschen
dem Glauben und dem Vertrauen
mehr Raum zu geben
als dem Misstrauen und dem Zweifel.

Liebe hofft alles

Den Umständen zum Trotz

Liebe ist voller Erwartung. Sie schreibt einen Menschen oder eine Sache nicht vorschnell ab und gibt nicht einfach auf. Wenn sie nach vorne schaut, tut sie dies mit Hoffnung, mit einer positiven Einstellung. Natürlich kann es immer auch schlecht ausgehen; Hoffnung ist kein Garant für die Erfüllung unserer Wünsche, aber Liebe weigert sich, das Negative zu erwarten.

Sie hofft stets das Beste.

Als der verlorene Sohn sich von seinem Vater verabschiedete, war das für den Vater zweifellos wie ein Schlag ins Gesicht. Er zahlte ihm, wie gewünscht, das ihm zustehende Erbteil aus und ließ ihn schweren

Herzens ziehen. Noch bevor der Vater es mit dem Herzen begreifen konnte, war sein Sohn weg. Und blieb weg.

Der Vater hätte sagen können: „Soll er doch schauen, wo er bleibt, und erleben, wie hart es da draußen ist! Er braucht sich gar nicht mehr bei mir zu melden, ich habe mit ihm abgeschlossen. Dieser Fall ist für mich ein für alle Mal erledigt! Er war ja schon immer stolz und rebellisch, daran wird sich nichts mehr ändern. Außerdem hat er mir das Herz gebrochen, unsere Beziehung ist dahin."

Wenn die Enttäuschung so groß ist, scheint das Hoffen unmöglich zu sein …

Hoffnung

Hoffnung stirbt als Letzte,
sagt man doch,
ein kleiner Funken bleibt am Ende doch.
Doch außer kalter Asche kann ich nichts sehen.
Ich spür die Hoffnung leise im Wind verwehn.
Dabei war ich mir so sicher,
du hast die Fäden in der Hand,
und ganz ehrlich,
so wär's mir lieber,
aber sags mal meinem Verstand.

Doch ich glaub, ich kann nicht länger warten,
ich kann nicht länger hoffen,
ich kann nicht länger hören.
Später, später, die Zeit ist bald reif.

Hoffnung ist die Kraft, die mich vorwärtstreibt,
sie gibt mir Halt, wenn nichts mehr anderes bleibt.
Manchmal ist es fast schon zum Greifen nah,
die Hoffnung groß, der Wunsch, es ist bald da.

Doch dann prüft man die Erwartung,
schraubt sie tiefer noch ein Stück.
Immer kleiner wird die Hoffnung,
ich will doch vorwärts und nicht zurück.

Könnte ich es selber tun,
ich glaub, ich hätte es schon längst getan.
Doch selber tun kann ich es nicht,
und so warte und hoffe ich.

Text und Musik: Sefora Nelson

Allen Umständen zum Trotz hoffte der Vater. Auch nach Jahren, als noch immer kein Zeichen seines Sohnes am Horizont zu sehen war. Die Hoffnung schien ihm zu sagen: „Irgendwann wirst du ihn nach Hause kommen sehen."

So macht die Liebe das. Sie hofft das Beste und weigert sich, sich ein schlechtes Ende auszumalen. Unglaublich, wie viel Kraft uns negative Gedanken nehmen und wie beflügelnd Hoffnung sein kann! Der Vater war bereit für ein Wunder, auch wenn alles dagegensprach. Jeden Tag wartete er vor dem Haus und hielt Ausschau nach diesem Wunder. Er hatte seinen Sohn zu keinem Zeitpunkt aufgegeben, und gehofft, ja, geradezu *erwartet*, dass er irgendwann zurückkommen würde. *Als* der Vater dann wirklich eines Tages in der Ferne einen Mann auf seinen Hof zukommen sah, rannte er ihm schon von Weitem entgegen, denn er wusste: Es war sein Sohn. Das Herz des liebenden Vaters hatte nie aufgehört zu hoffen, und nun war es bereit, das Wunder mit offenen Armen zu empfangen. Doch der Sohn hatte ganz und gar nicht mit einer solchen Reaktion gerechnet …

Oft haben wir eine feste Vorstellung von einem Menschen, und können uns einfach nicht vorstellen, dass er sich jemals ändert. Denn er war ja schon immer so. Uns kommt der Gedanke an eine positive Veränderung gar nicht in den Sinn. Es ist so, als hätten wir eine Tür geschlossen, weil wir hinter ihr nichts mehr erwarten. Wir haben der Hoffnung die Tür zugeschlagen.

Vielleicht ist es Ihnen beim Lesen des „Hohelieds der Liebe“ auch schon aufgefallen: Bis zum Anfang des siebten Verses sind alle Eigenschaften, die Paulus der Liebe zuschreibt, in der Gegenwart angesiedelt. Er hat den Adressaten seines Briefes zu zeigen versucht, dass die Liebe aushält, freundlich ist, vergibt. Aber nun öffnet er die Tür in die Zukunft.

Die Liebe hofft alles.

Liebe ist nicht nur im Jetzt gegenwärtig. Sie hofft sich den Weg in die Zukunft. So, als würde sie sagen: „Gib Menschen nicht auf, liebe sie mit Hoffnung. Erwarte Gutes.“

Ich habe mich schon oft dabei ertappt, Menschen als „hoffnungslosen Fall“ abzustempeln. Ihr Lebensverlauf erschien mir wie eine Aneinanderreihung von Versagen und Misserfolgen. Nun waren sie gezeichnet von Exzessen und der Härte des Lebens. Therapien hatten sie zwar manchmal angefangen, doch schon wenige Wochen später wieder abgebrochen. War doch klar. Da kann man nichts Besseres erwarten … Oder?

Auffällig oft reden diejenigen die Hoffnung schlecht, denen es persönlich gar nicht schlecht geht. Die vermeintlich hoffnungslosen Fälle können es sich nicht erlauben, auf Hoffnung zu verzichten. Hoffnungslosigkeit ist eine Extravaganz, die man sich nicht leisen kann, wenn es wirklich schlecht steht.
Heribert Prantl*

Oft sind es die Eltern dieser scheinbar „hoffnungslosen Fälle", die ihre Kinder nicht aufgeben. Die Türe einen Spalt weit offen stehen lassen. Die auf das Wunder warten …

* aus: Die Kraft der Hoffnung, Süddeutsche Zeitung Verlag 2017

Wunder

Ich weiß, es geschehen Wunder,
überall auf dieser Welt,
jeder neue Atemzug ist Gottes Geschenk.
Ich weiß, die schönsten Dinge
kann man nicht mit Augen sehn,
die große, unsichtbare Welt
muss man im Herzen verstehen.

Doch ich fühle hier nur meine Kraft.
Mein Denken ist so klein, so schwach.
Ich fühle mich alleine.

Ich brauch ein Wunder
in dieser dunklen Nacht.
Zeig mir ein Wunder,
eine sternenklare Nacht.
Schenk mir ein Wunder.

Ich weiß, dass du immer hier bist,
auch wenn ich dich nicht seh.
Du kennst den Schritt, der vor mir liegt,
noch bevor ich ihn geh.
Dein Geist in meinem Herzen
zieht mich hin zu dir,
zeigt mir deine neue Welt
und eröffnet sie mir.

Doch gerade jetzt, gerade hier
bist du wirklich nah bei mir.
Ich fühle mich alleine.

Ich will weiter glauben, als meine Augen sehn,
und auf Meereswogen dir entgegengehen.
Ich streck mich aus nach dir,
ergreife deine Hand,
und meine Finger berühren dein Gewand.

Text und Musik: Sefora Nelson

Nicht selten hört man wunderbare Geschichten von Menschen, die es geschafft haben, entgegen aller Erwartungen ihr Leben umzukrempeln und noch mal ganz neu zu starten. Der Dank, so hört man viele sagen, gilt sehr oft deren Eltern, die sich als Einzige geweigert haben, die Hoffnung aufzugeben.

Jesus sagt: Ich bin gekommen, damit sie das Leben haben und volle Genüge.
Johannes 10,11

**Herr, hilf mir,
an der Hoffnung festzuhalten
und Menschen nicht aufzugeben.
Ich möchte mich weigern,
mir Negatives auszumalen,
und auf dich sehen.
Dir ist alles möglich.
Du kennst und lenkst die Herzen der Menschen.
Lass mich hoffend lieben.**

Liebe erduldet alles

Familienalben

Das ist mein erster und mein letzter Hund", sagt meine Zahnärztin, die sich vor ein paar Jahren einen Labrador zugelegt hatte. Die großgewachsene Hündin beschnuppert mich und legt sich dann wieder neben die Rezeption.

Ilsa war inzwischen zum offiziellen Praxishund geworden. Sie nahm – einfach durch ihre Anwesenheit und vielleicht auch durch ihre treuen, braunen Augen – den Patienten die Angst vor der Behandlung. Ob ihr das selbst bewusst war? Obwohl ich vor Hunden eigentlich großen Respekt habe, freue ich mich immer, wenn ich Ilsa sehe. Mal läuft sie neugierig durch die sterilen

Räume, mal legt sie sich, perfekt getarnt und tiefenentspannt, aufs Parkett, sodass man aufpassen muss, nicht über sie zu stolpern. Diese Ruhe scheint sich auf jeden Fall auf uns, die Patienten, zu übertragen. Umso überraschter war ich über das Statement ihres Frauchens und hakte nach, um mich zu vergewissern: „Ihr letzter Hund?“

„Ja, der erste und der letzte“, kam es mit einer Entschlossenheit zurück, die keinen Zweifel duldete. „Diese Liebe, die ich für so ein Wesen entwickeln kann“, fährt meine Zahärztin fort, „das pack ich nicht noch mal. Vor ein paar Tagen liefen wir durchs Feld, und sie muss wohl eine Pflanze gefressen haben, die giftig war. Ich spürte sofort, dass es ihr nicht gut ging. Sie begann, am Mund zu schäumen. Wir haben es glücklicherweise wieder hinbekommen, sie hat es gut überstanden, aber ich sage Ihnen: Die Liebe und Fürsorge für dieses Tier macht sogar mich, eine zweifache Mutter, fertig.“

Wenn du ganz sicher sein willst, dass deinem Herzen nichts zustößt, dann darfst du es nie verschenken, nicht einmal an ein Tier. Umgib es sorgfältig mit Hobbys und kleinen Genüssen; meide alle Verwicklungen; verschließe es sicher im Schrein oder Sarg deiner Selbstsucht. Aber in

diesem Schrein – sicher, dunkel, reglos, luftlos – verändert es sich. Es bricht nicht; es wird unzerbrechlich, undurchdringlich, unerlösbar.
C. S. Lewis

Ich werde nachdenklich und frage mich: Möchte man sich freiwillig noch mehr Liebe aussetzen – wenn man die Wahl hat? Noch mal ein Kind? Noch ein Haustier?

Manchmal sprechen wir als Familie darüber, was wäre, wenn Keith oder ich sterben würden. Könnten die Kinder sich vorstellen, eine neue Mama oder einen neuen Papa zu bekommen? Könnten Keith und ich uns das vorstellen? Es sind tragische und gleichzeitig unterhaltsame Gespräche voller Emotionen. Da wird philosophiert, welches Model gut zu Daddy passen würde, und welcher bekannte Schauspieler gut zu Mama … Irgendwie war ich beruhigt, als mein Sohn mir vor ein paar Tagen erklärte: „Ich werde nur dich ‚Mama' nennen. Man kann dich doch nicht einfach austauschen!"

Und dennoch würde ich mir wünschen, Keith hätte eine neue Frau und die Kinder eine neue, klasse Mama, wenn ich nicht mehr sein sollte. Aber ganz ehrlich: Der Gedanke, einen neuen Mann zu haben, noch mal ganz von vorne anzufangen mit allem – kennenlernen, streiten lernen, aushalten, Vorlieben und Abneigungen entdecken, Enttäuschungen durchleben … ich weiß nicht. Die Jahre mit Keith an der Seite zeigen mir, dass uns Liebe etwas gekostet hat. Die letzten fünfzehn Jahre waren teilweise sehr schwer. Zeitweise sogar kaum mehr zu ertragen.

Ja, Liebe kostet uns etwas. Bis man an dem Punkt ankommt, dass man sich miteinander wohlfühlt, sich nicht mehr voreinander schämt, sich auch die dunkelsten Geheimnisse anvertraut, muss man einen langen Weg gehen. Um immer wieder einen Weg zu finden, sich gegenseitig Liebe zu zeigen, die beim anderen auch wirklich ankommt, wird man teilweise eine harte Schule durchleben müssen. Man wird Kompromisse finden müssen und bereit werden, einen Teil von sich aufzugeben. Ja, man wird so Einiges durchmachen und dabei auch ein paar Federn verlieren.

Wenn man sieht, wie sich Ehepaare nach vielen Jahren noch sehnsüchtig in die Arme nehmen, denkt man nicht daran, was sie das gekostet hat. Wäre da nicht die Verliebtheitsphase ganz am Anfang, würde man sich da freiwillig wirklich noch mal durch dieses ganze Beziehungs-Auf-und-Ab begeben? Ich weiß es ehrlich gesagt nicht. Doch im Rückblick überwiegen hoffentlich die schönen

Momente, die man sich erkämpft hat und gleichzeitig doch ganz unverdient geschenkt bekam.

Liebe ist ein Mysterium. Ein göttliches Geschenk. Doch sie kommt nicht kostenfrei, sondern ist nur mit viel Einsatz zu haben.

Auch die Liebe für die Kinder ist davon nicht ausgenommen. Ich behaupte, die Eltern-Kind-Liebe ist sogar die stärkste von allen. Es ist spannend zu erleben, welche Emotionen wir als Familie durchleben, wenn wir gemeinsam unsere Fotoalben anschauen. Mein Mann und ich staunen immer wieder, wie winzig und wie süß diese kleinen Geschöpfe doch waren; und wie fürsorglich, teilweise voller Angst, wir uns um sie gekümmert haben, Tag und Nacht. Bilder von Krankenhausaufenthalten versetzen uns noch heute einen Stich ins Herz. Und dann die Urlaubsbilder … Während die Kinder sich an Sandburgen erinnern, steigen bei Keith und mir eher Bilder von schlafarmen Nächten auf, und der Gedanke daran, dass der Urlaub mit Kleinkindern im Grunde gar kein Urlaub war, sondern eher eine noch intensivere Betreuung von nächtlich weinenden Babys in ungewohntem Umfeld … Und so erinnern wir uns beim Anschauen der Fotos daran, wie wir unsere Kinder getragen und gestillt haben, gewickelt, gebadet und geliebt.

Und da wir alle Kinder von Eltern sind, um die wir uns vielleicht eines Tages kümmern werden, wenn sie älter geworden sind, ahne ich, dass sich hier ein Kreis schließt: Nicht nur am Beginn, sondern auch am Ende des Lebens spielt all das eine Rolle: baden, singen, tragen, füttern, bangen, wachen, lieben.

Liebe tut das. Sie erduldet alles.

Das größte Beispiel von Liebe, die erduldet hat, sehen wir an Jesus. „Niemand hat größere Liebe als die, dass er sein Leben lässt für seine Freunde", heißt es von ihm (siehe Johannes 15,13). Jesus gab sich uns ganz und gar hin. Er war bereit, kompromisslos zu lieben, selbst mit dem Wissen, von vielen abgelehnt zu werden. Und er war bereit, das Unvorstellbare zu ertragen: den unschuldigen, leidvollen Tod am Kreuz – damit wir das Leben haben.

Es ist doch unvorstellbar, dass Gott selbst Mensch wurde und in meine und deine Welt kam, sehnsüchtig danach, uns wieder mit dem Vater zu versöhnen.

Ich habe mir vorgestellt, wie das gewesen sein musste, und dazu ein Lied verfasst.

Wohin gehst du

Wohin gehst du von deinem Thron,
der hocherhabene Gottessohn,
nimmst deine Krone und legst sie ab,
auch dein Gewand, und kommst herab.

Wohin gehst du in dieser Nacht,
wo niemand da ist und mit dir wacht?
Fällst auf die Knie, man hört dein Flehn:
„Vater, dein Wille soll geschehen."

„Ich komm zu dir in deine Welt,
hier gibt es nichts, was mich noch hält.
Ich sehne mich so sehr nach dir,
will dich ganz nah, ganz nah bei mir."

Wohin gehst du mit Dornenkron?
Ein roter Mantel, Spott und Hohn,
du wirst geschlagen und verlacht
und dabei hast du nichts gemacht.

„Ich komm zu dir, ich bin bereit,
jetzt ist der Tag, jetzt ist die Zeit.
Ich sehne mich so sehr nach dir,
will dich ganz nah, ganz nah bei mir.“

Jetzt hängst du dort am Kreuz allein,
das kann doch nicht das Ende sein!
Dein letzter Schrei „Es ist vollbracht“,
der Weg zum Vater ist freigemacht.

„Ich komm zu dir in deiner Schuld,
sie ist bezahlt, du bist gesund.
Ich sehne mich so sehr nach dir,
will dich ganz nah, ganz nah bei mir.“

Text und Musik: Sefora Nelson

Danke, Herr,
dass du aus Liebe zu uns
so viel erduldet hast,
damit wir als Kinder Gottes
nun „Vater" zu dir sagen können.
Hilf mir zu sehen,
dass wahre Liebe etwas kostet.
Ich möchte weise und mutig sein
und nie davor zurückschrecken zu lieben.
Denn du hast gesagt:
„Liebt einander, so wie ich euch geliebt habe." *

* siehe Johannes 15,12

Die Liebe vergeht niemals

Wenn alles andere verpufft

Nun aber bleiben Glaube, Hoffnung, Liebe, diese drei; aber die Liebe ist die größte unter ihnen.
1. Korinther 13,13

Als meine Großmami durch unser Hochzeitsalbum durchblätterte, schaute sie mir auf einmal fest in die Augen und sagte: „Aber liebt euch auch, wenn ihr alt werdet, ja?“

Wenn man jung ist, beschwingt und gesund, dann erlebt man das „Einander tragen“ als nicht so schwer wie in Zeiten von Krankheit oder im Alter. Und wie oft habe ich schon gehört, dass die Liebe plötzlich nicht mehr da ist, wenn die Verliebtheitsphase zu Ende gegangen ist. Man habe sich „auseinandergelebt“, und da könne man nun mal nichts anderes tun, als die Beziehung zu beenden. So oft stehen beim Wort „Liebe“ bei uns die Gefühle im Vordergrund. Und wir folgern: „Ich fühle nichts mehr, also muss die Liebe sich verabschiedet haben.“

Aber im „Hohelied der Liebe“ lesen wir, dass die Liebe *bleibt*. Denn Liebe ist nicht ein Gefühl. Ja, die Liebe kann zeitweise von romantischen, sexuellen, freundschaftlichen und freudigen Gefühlen begleitet werden, aber das ist nicht das, was Liebe ausmacht. Sie bleibt auch dann, wenn die Gefühle sich verabschiedet haben.

Liebe im Unterschied zu Verliebtheit ist kein bloßes Gefühl. Sie ist ein tiefes Einssein, das durch den Willen garantiert und durch die Gewohnheit bewusst gefördert wird.
C. S. Lewis*

Ich glaube, dass die Erwartung, dass Liebe immer mit schönen Gefühlen gepaart sein muss, viele von uns schon mächtig enttäuscht hat. In dem Fall ist es, so weh das auch tut, eigentlich eine heilsame Ent-täuschung. Denn

* aus: C. S. Lewis: „Pardon, ich bin Christ“, Verlag Fontis, Basel, 2016.

vorher waren wir einer Täuschung aufgesessen. Liebe ist auch Liebe, wenn man nichts fühlt.

Doch wie kann man nun auf eine solche Weise lieben? So hingebungsvoll, so bedingungslos? Indem wir in Gott bleiben. „Gott ist Liebe; und wer in der Liebe bleibt, der bleibt in Gott und Gott in ihm“ (1. Johannes 4,16). Gott hilft uns, auf eine solche Weise zu lieben, weil wir es aus eigener Kraft gar nicht können. Wir müssen nur offen sein für ihn und uns an seinen Worten orientieren. Als Jesus seine Jünger auf das Ende vorbereitet hat, hat er ihnen im Hinblick auf die Liebe auch erklärt: „Und weil Gottes Gebote immer stärker missachtet werden, setzt sich das Böse überall durch. Die Liebe wird bei den meisten von euch erkalten. Aber wer bis zum Ende standhält, der wird gerettet (Matthäus 24,12–13; Hfa).“

Ja, die Liebe hat es nicht leicht, weil sie ständig und von allen Seiten Gegenwind bekommt. Das Böse und Negative um uns und in uns ist für sie eine allgegenwärtige Gefahr. Neid, Ichsucht, Schadenfreude, Stolz, Ungeduld, Taktlosigkeit, Unehrlichkeit, Vorurteile, Ungerechtigkeit, Rache – all das in 1. Korinther 13 Genannte – lässt die Liebe in unseren Herzen „erkalten“. Da braucht es einen starken Anker, ein kraftvolles Seil, das in einer anderen Dimension als unserer menschlichen seinen Anfang hat. Nur wenn wir dieses Seil ergreifen, dann sind wir an die Kraftquelle angeschlossen, die es uns möglich macht, mit dem Herzen Gottes zu lieben.

Paulus schließt seinen Diskurs über die Liebe in Vers 8 ab mit dem Gedanken an die Ewigkeit: Sie hört nie auf. Es ist eine endlose Liebe – ohne eine zeitliche Begrenzung. Am Ende bleibt sie, die Größte von allen. Weil Gott ewig ist – und weil er selbst die Liebe ist. Auch wenn sich Menschen verabschieden, er bleibt. Auch wenn wir ihn enttäuscht haben, er bleibt. Im Himmel wird es sogar keine Ehe mehr geben. Aber die göttliche Liebe bleibt.

Am Ende seines „Hohelieds der Liebe" schlägt Paulus in seinem Brief an die Korinther abschließend noch einen Bogen. Die Gaben, sei es Prophetie – nach der er uns zu streben ermutigt –, sei es Erkenntnis, sei es Zungenrede, sind allesamt zwar gut und wichtig, doch nur für eine gewisse Zeit relevant. Denn wenn wir Jesus einmal von Angesicht zu Angesicht sehen werden, wird man diese Gaben nicht mehr brauchen. Die Liebe aber wird bleiben. So tun wir gut daran, sicherzugehen, dass wir bei allem Streben nach Wissen, nach Weisheit, nach verschiedenen Gaben und Auszeichnungen dies alles aus *Liebe* tun. Denn wenn sie nicht dabei ist, verpufft alles andere, bleibt nichts mehr übrig.

Die Liebe ist das, was bei Gott am Ende zählt. Und wenn wir uns öffnen für seine Liebe, dann kann uns nichts in Zeit und Ewigkeit mehr von seiner Liebe trennen.

An diesem Ort bist du

Wenn die Zeit vergeht
und die Spuren verweht,
bist du.
Wenn man das, was war,
nur noch verschwommen sieht,
bist du.
Du gehst nicht fort.
An diesem Ort bist du.

Herr, deine Hand lässt mich nicht los,
ist meine Sorge noch so groß.
Du bist der Freund, der mich versteht
und mir auch jetzt zur Seite steht.
Du gehst nicht fort.
An diesem Ort bist du.

Wenn die Antwort schweigt
und die Frage noch bleibt,
bist du.
Wenn die letzte Chance ihr Gesicht nicht zeigt,
bist du.
Du gehst nicht fort.
An diesem Ort bist du.

Wenn die Freude geht
und die Stille kommt,
bist du.
Wenn das Lebenslied
dann ganz von selbst verstummt,
bist du.
Du gehst nicht fort.
An diesem Ort bist du.

Text und Musik: Sefora Nelson

**Herr, hilf mir,
nicht nur in guten Tagen zu lieben,
sondern treu zu sein,
auch wenn es schwer
und anstrengend wird.
Danke, dass du mich immer liebst,
dass mich nichts und niemand
von deiner Liebe trennen kann.**

Schlusswort

Für die Jünger ist es ein Abend wie immer: gemeinsam mit Jesus essen. Zusammen singen und beten. Besprechen, was sie erlebt haben. Einfach den Tag ausklingen lassen.

Jesus schaut sich seine Pappenheimer an. Sie sind, wie sie eben sind. Einfache Leute. Er liebt sie; hat versucht, ihnen über einen Zeitraum von zwei, drei Jahren die wichtigsten Dinge beizubringen. In letzter Zeit hat er vermehrt darüber gesprochen, dass er nach Jerusalem gehen und dort leiden würde, doch wirklich verstanden haben sie das nicht.

Jesus sieht diesen Abend mit ganz anderen Augen als seine Jünger, und saugt jedes Detail in sich auf, als wäre es das letzte Mal. Denn das ist es auch. Nur er weiß es. Und Judas vielleicht, dem der Satan schon ins Herz gegangen ist. Es ist das letzte Mal, dass er diese unbeschwerte Gruppe um sich hat. Der Geräuschpegel ist hoch, Petrus' Stimme – so stelle ich es mir vor – ist am lautesten. Es wird gelacht, gewitzelt, um Plätze gerangelt, geflüstert, sich geknufft.

Ich habe einmal in meinem Leben auf einem Männerwochenende singen dürfen und kann bezeugen, dass der Boden bebt, wenn Männer zusammen lachen. Bei reinen Frauen-Events hingegen klirrt die Luft.

So, wie man sich das letzte Mal in einem Haus umschaut, bevor man die Schlüssel abgibt, so muss Jesus es an diesem Abend gegangen sein. Mit jeder Türklinke, jeder Nische und jedem Kratzer an der Wand kommen Erinnerungen in ihm hoch. Noch ein letztes Mal zusammen essen, bevor er gekreuzigt wird. In wenigen Stunden würde er diesen ersten Teil seiner göttlichen Mission abschließen. Hier sind sie, seine Freunde. Als würde die Zeit für einen Moment stehen bleiben, nimmt er die Situation mit allen Sinnen wahr. Spürt den Kopf von Johannes auf seiner Brust; sieht, wie Jakobus und sein Bruder an den Lippen von Petrus kleben, als dieser ausschweifend und ein klein wenig überzogen erzählt, was er heute erlebt hat. Schallendes Gelächter. Ein Stich geht

Jesus durchs Herz, als sich sein Blick mit dem von Judas trifft. Judas weicht ihm schnell wieder aus.

Liebe. Genau das ist es, was Jesus für diese Jünger hat. Liebe im Übermaß. Wenn sie nur wüssten … Für sie ist er jetzt bereit, den bitteren Kelch zu trinken. Ein stilles Stoßgebet geht zum Himmel, als er sich vorstellt, was aus dieser zusammengeschweißten Truppe noch in dieser Nacht werden würde. „Schenke Gnade, Vater."

Jesus wusste, dass seine Stunde gekommen war, dass er aus dieser Welt zum Vater hingehen sollte – da er die Seinen, die in der Welt waren, geliebt hatte, liebte er sie bis ans Ende.
Johannes 13,1b; ELB

Ein letztes Mal will er ihnen zeigen, worum es ihm eigentlich geht. Viele Worte, Lehren, Gleichnisse, Ermahnungen und Wunder hatten seine Jünger in den letzten Jahren hören und erleben dürfen. Nun will er ihnen am Ende noch einmal das ganze Ausmaß seiner Liebe zeigen.

Am Ende des Lebens geht es nicht um Details, um mögliche Streitpunkte, um Nebensächlichkeiten. Alles konzentriert sich auf das Wichtigste, den Kern des

Ganzen. Meist beenden Menschen ihr Leben im Kreis der Familie mit den Worten: „Ich liebe euch." Manchmal wird auch symbolisch ein Gegenstand übergeben oder ein Ritual vollzogen, womit der Sterbende abschließt und noch ein letztes Mal zusammenfasst, was für ihn das Wichtigste ist.

Jesus tut das auch.

Jesus aber wusste, dass der Vater ihm uneingeschränkte Macht über alles gegeben hatte und dass er von Gott gekommen war und bald wieder zu Gott zurückkehren würde. Er stand vom Tisch auf, zog sein Obergewand aus und band sich ein Leinentuch um. Dann goss er Wasser in eine Schüssel und begann, den Jüngern die Füße zu waschen und mit dem Tuch abzutrocknen, das er sich umgebunden hatte.
Johannes 13,3–5; NL

Das Letzte, was Jesus seinen Jüngern mitgibt, ist Liebe in ihrem ganzen Ausmaß. Liebe in Fülle. Er, dem alle Macht gegeben wurde, uneingeschränkte Macht, steht auf, zieht sein Obergewand aus und verrichtet die Arbeit eines Hausklaven. Er demütigt sich noch weiter, noch tiefer. Kniet vor den staubigen Füßen der Jünger, im Schmutz der Erde. Er ist umgeben vom zutiefst Irdischen, das er aus Liebe gegen den Glanz des Himmels eingetauscht hatte.

Petrus kann das, was Jesus jetzt tun will, nicht zulassen; er widersetzt sich lautstark: „Niemals wirst du mir die Füße waschen!"

Doch Jesus antwortet ihm: „Wenn ich sie dir nicht wasche, hast du keine Gemeinschaft mit mir!" (Johannes 13,8).

Petrus lässt es schließlich doch zu und hätte sich am liebsten von Jesus auch noch den Kopf waschen lassen.

Das Gelächter ist verstummt. Man hört nur das leise Plätschern des Wassers und sieht, wie die Augen der Jünger auf die Hände des Messias gerichtet sind, die liebevoll die schmutzigen Füße seiner engsten Freunde berühren.

Dann hat Jesus alle vierundzwanzig Füße gewaschen, selbst die von Judas.

Als er nun ihre Füße gewaschen hatte, nahm er seine Kleider und setzte sich wieder nieder und sprach zu ihnen: Wisst ihr, was ich euch getan habe? Ihr nennt mich Meister und Herr und sagt es mit Recht, denn ich bin's auch. Wenn nun ich, euer Herr und Meister, euch die Füße gewaschen

habe, so sollt auch ihr euch untereinander die Füße waschen. Denn ein Beispiel habe ich euch gegeben, damit ihr tut, wie ich euch getan habe.
Johannes 13,12–15

Ich bin überwältigt von der Demut der göttlichen Liebe. Auch in Paulus' „Hohem Lied der Liebe" habe ich so viel Demut entdeckt, dass genau das für mich zum größten gemeinsamen Nenner geworden ist.

Nur: Wie bekommen wir das hin, solch eine Liebe zu praktizieren? Wie schaffen wir es, unsere Mitmenschen, unsere Geschwister *auf diese Weise* zu lieben? Mit Demut? Mit Aufrichtigkeit, Geduld und Ausdauer – und ganz ohne Neid, Eigennutz und Wichtigtuerei, ohne Berechnung und Verbitterung?

Ich möchte noch einmal einen Blick auf den ersten Teil des „Doppelgebots der Liebe" werfen, das ich in der Einleitung bereits erwähnt habe. Denn für mich ist dieses Gebot so etwas wie der erste Schritt, die Voraussetzung, das Fundament, um diese göttliche Liebe, die Agape-Liebe, zu leben und weiterzugeben:

Höre, Israel, der Herr ist unser Gott, der Herr ist einer. Und du sollst den Herrn, deinen Gott, lieb haben von ganzem Herzen, von ganzer Seele und mit all deiner Kraft. (5. Mose 6,4+5).

„Dies ist das höchste und erste Gebot" [sagt Jesus]. „Das andere aber ist dem gleich: Du sollst deinen Nächsten lieben wie dich selbst (3. Mose 19,18)."
Matthäus 22,38–39

Gleich zu Beginn lesen wir: Der Herr, unser Gott, ist EINER. Hier geht es um Exklusivität. Wir lieben nicht einfach alles und jeden. Wir lieben nicht ins Leere. Wir laufen nicht mit Blumen im Haar durch die Welt und sind verliebt in die Liebe an sich. Wir lieben *Gott.* Den einen Gott. Nicht eine Kraft des Universums oder gar, wie manche Religionen lehren, das *Göttliche in uns.* Diesen einen Gott sollen wir lieben. Und zwar mit allem, was uns ausmacht. Mit unserem Herzen, mit allen Emotionen und unserem Willen, mit unserer Seele, dem Leben selbst, mit unserem Intellekt, unseren Gedanken und der Kraft unserer Muskeln. *Mit allem.* Nicht nur mit Worten oder guten Ideen. Mit allem, was zu uns gehört, mit unserer Zeit, unserem Geld, lieben wir ihn. Nichts sollen wir ihm vorenthalten. Wenn wir Gott lieben, dann hassen wir Missgunst, Falschheit, Überheblichkeit und Arroganz.

Es hat einen Sinn, wenn wir mit dem Lieben nicht bei uns beginnen und auch nicht bei unseren Mitmenschen, sondern bei Gott selbst. Erst wenn wir danach streben, ihn immer mehr zu lieben, dann – so glaube ich –, *können* wir die Menschen mit *seiner* Liebe lieben. Denn er ist die Liebe selbst. Und wenn wir in seiner Liebe bleiben, werden wir viel Frucht bringen. Dann wird es möglich sein, auf eine Weise zu lieben, die wir uns zuvor nicht vorstellen konnten.

Und wenn wir die Menschen um uns herum lieben, dann lieben wir ihn. Denn, so heißt es in Matthäus 25,40: „Was ihr für einen meiner geringsten Brüder getan habt, das habt ihr mir getan."

Gott schenke uns seine Liebe. Und möge sie in uns überfließen, damit die Menschen um uns herum etwas von seiner Liebe spüren. Möge er uns immer wieder ein neues Herz schenken, und seine Kraft, um seinem Beispiel folgen zu können. In einem Kinderlied habe ich das einmal so formuliert:

Neues Herz

Manchmal bin ich traurig,
denn ich bin ganz allein,
niemand möchte heute mein Freund sein.
Dann wird mein Herz ganz schwer,
doch das möchte ich nicht mehr.
Gott helfe mir dabei,
eins, zwei, drei.

Mach mein altes Herz raus,
mein neues Herz rein.
Dann kann ich endlich wieder fröhlich sein.

Manchmal hab ich Streit
und werde ganz gemein,
möchte dann auch nicht mehr freundlich sein.
Dann wird mein Herz ganz schwer,
doch das möchte ich nicht mehr.

Gott helfe mir dabei,
eins, zwei, drei.

Manchmal bin ich neidisch,
will, was der andere hat,
kann mich nicht mehr freuen an dem, was ich hab.
Dann wird mein Herz ganz leer,
doch das möchte ich nicht mehr.
Gott helfe mir dabei,
eins, zwei, drei.

Text und Musik: Sefora Nelson

Herr, hilf mir,
dich ganz aufrichtig
und mit allem, was ich bin und habe,
zu lieben,
die Menschen um mich herum zu lieben
und dienend deinem Beispiel zu folgen.
Nimm mein hartes Herz
und lege ein weiches in mich hinein.
Meine Gedanken sollen deinen Gedanken,
die so viel besser sind als meine,
untertan sein.
Ich möchte bereit sein,
mein Leben für dich zu leben,
denn dann habe ich alles gewonnen.
Wenn ich einmal vor dir stehen werde,
wird alles andere nicht mehr wichtig sein.
Denn dann sehe ich die Liebe selbst.

Liebe ist geduldig und freundlich.
Sie ist nicht verbissen,
sie prahlt nicht
und schaut nicht auf andere herab.
Liebe verletzt nicht den Anstand
und sucht nicht den eigenen Vorteil,
sie lässt sich nicht reizen
und ist nicht nachtragend.
Sie freut sich nicht am Unrecht,
sondern freut sich, wenn die Wahrheit siegt.
Liebe nimmt alles auf sich,
sie verliert nie den Glauben oder die Hoffnung
und hält durch bis zum Ende.
Die Liebe wird niemals vergehen.

1. Korinther 13,4–8a; Hfa